Collaborative Practice
with Vulnerable Children
and their Families
Julie Taylor & June Thoburn

子育て困難家庭のための
多職種協働ガイド

地域での専門職連携教育（IPE）の進め方

ジュリー・テイラー／ジュン・ソウバーン〈著〉

西郷泰之〈訳〉

明石書店

COLLABORATIVE PRACTICE WITH VULNERABLE CHILDREN
AND THEIR FAMILIES
by Julie Taylor and June Thoburn

Copyright © 2016 by Taylor & Francis Group, LLC
All Rights Reserved. Authorised translation from the English language edition published
by CRC Press, a member of the Taylor & Francis Group

Japanese translation rights arranged with Taylor & Francis Group, Abingdon
through Tuttle-Mori Agency, Ink., Tokyo

この本を読む前に読んでほしいこと

西郷　泰之（訳者）

　本書（Collaborative Practice with Vulnerable Children and their Families）の本編を読む前に、本書の特徴・構成や、内容理解の土台となる英国の要保護・要支援児童への援助システムについての基礎的な説明、そして日本との異同などについて、若干の説明をしておくことにします。

I　本書の概要と解説

現任研修・大学院レベルでの演習・実践研究での活用に期待

　英国では「ともに取り組む（Working Together、ワーキング・トゥゲザー）」を1991年に英国政府が発表する以前から、多職種や多機関相互の連携は政策的な関心事となっています。日本でも職種間連携や機関間連携は実践上の大きな課題です。こうした協働実践の意味するところや、その実践のための根拠、そしてどのように実践のなかで取り組むべきなのかを考えることはとりわけ重要です。そのため、この本は、政策基盤のみならず、エビデンスや知識基盤で書かれているとともに、価値基盤でも書かれています。

　「協働実践」はまだその概念に混乱がありますが、新たな子ども家庭のニーズの変化とともに、民間セクターや社会的起業団体の参入など関係機関の多様化、流動化、そして情報技術の急速な発展、サービスの民間委託化や専門化などのなかでその必要性への期待は高まっていることは確かです。

　本書は今後の我が国での実践を進めるため、大学院レベルでの多分野・多専門が参加した演習や実践者の研修などで活用・応用できるばかりでなく、参考文献は協働実践に研究関心のある研究者たちにとっても極めて多

くの刺激を与えてくれます。

4〜6章が実践者・研究者にとって圧巻
──英国の制度・実践倫理と価値・エビデンスベースの実践

　本書の構成ですが、大きく3つの内容から構成されています。1章・2章は導入部分です。1章では本書の目的等とともに協働実践の重要性について概観しています。続いて2章で支援対象の明確化を行っています。次いで3〜5章が本論部分となります。3つの観点からの協働の整理をしています。3章は法律・制度の観点からの整理を、4章は価値基盤の観点からの協働の整理を、5章は知識基盤の観点からの整理となっています。そして最後に、6章では、まとめとして効果的な実践のためのヒントが書かれています。我が国での実践に直接的に生かせるのは4章から6章となりますので、この部分から読み進めても良いかと思います。とりわけ5章が圧巻で、英国におけるエビデンスに基づく実践の考え方には驚かされます。

　以下に少し詳しく各章の概要をまとめてみます。

　第1章「協働実践（Collaborative practice）」では、この本の目的・対象・意義とともに、協働的取り組みが、要支援児童や家庭が必要とするサービスや、そのための組織、そして専門家たちの教育・訓練にとって重要となる理由について概観しています。

　第2章「追加的な支援や保護サービスを最も必要とする子どもや家庭は誰か？（Who are the children and families most likely to need additional supportive services?）」では、複雑なニーズを担当する様々な専門家や機関から受けられる幅広いサービスを必要としている家庭の子どもや大人の特徴について説明しています。また、この本のなかで、説明されていることをより具体的に理解するための、そして個人やグループでの練習問題の材料として使うための7つの事例が紹介されています。

　次からが本論部分となります。法律・制度基盤、価値基盤、そして知識基盤の各視点からの内容になっています。

　第3章「裁判所の命令や法的ガイダンスの下で協働する（Working collaboratively within legal mandates and statutory guidance）」では、複雑な問

題を持つ家族との支援のための英国の法的命令等の法律・制度基盤全般について理解することができます。主には「要保護児童」であることの法的決定や、焦点化されたサービスが必要であることの法的決定などについて書かれています。

第4章「要支援児童や家庭と協働して取り組むための価値基盤（The value base for working collaboratively with vulnerable children and families)」では、専門家の価値と倫理的な基準、次いで専門職の仕事を統括する実践や基準に関する規定、そして最後に協働の取り組みの中心的な部分となる、記録の管理と、守秘義務を遂行するなかで集めた情報の共有に関するルールとジレンマについて説明されています。

第5章「協働実践の知識基盤（Knowledge-base for collaborative practice)」では、専門職や機関の限界のなかで複雑な困難を抱えている家族に関する実践と、その調査に基づくエビデンスとなる文献が要約されています。ともに取り組むことの潜在的な利点、実践での共同のための挑戦、そして家族にとっての潜在的な損失と同時に利益についても改めて吟味しています。

最後の、第6章「効果的な協働実践に向けて（Towards effective collaborative practice)」では全体のまとめをしています。新しいアプローチや実践ツールなども活用した、最も適切な専門職間や機関間の協働を進める専門職の実践について整理しています。また、この章では事例を使って、協働に貢献するであろう、また親や子どものための短期間や長期間のより良い実践アプローチや技能の詳細について考える機会を提供しています。

最後に、今後の課題として、十分に統合されたチームが良い成果を上げることができるのはどんな家庭で、子どもや家族個人の周囲に形成されたネットワーク（またはチーム）が単一の専門職によるチームであることの方が効果的なのはどんな家庭なのかなど、家族の多様性との関係で今後一層理解していく必要があるとまとめています。

Ⅱ　英国の子どもの保護制度の概況と主要用語の説明

　ここでは、本書を読むために必要な英国、特にイングランドの子ども家庭施策の基礎的な情報を提供しておくことにします。

1　英国の子ども家庭福祉制度の概要

(1)　英国の子ども家庭福祉の施策の転換

　英国の子ども家庭福祉施策は、2020年までの貧困撲滅を掲げたブレア政権（1997〜2007年）の時に大きく変化しています。ブレア政権が打ち出した政策の象徴といわれるのが1999年に打ち出したシュアスタート・プログラムです。貧困が課題になっている地域にシュア・スタート・センター（Sure Start Centre）を2002年より設置し、より積極的なポピュレーションアプローチ〔集団全体へのアプローチによりリスクの発生予防を行うもの〕や、予防、そして保護施策まで関連させ担当し、職員は多職種のミックスで、外部機関の専門職員も派遣するなど、本書の協働実践のモデルの1つともなりました。2010年では子どもの貧困率は9.8と日本（15.7）より少なくなっています。なお、増進と問題の発生予防施策を要保護児童施策と一体的に運用するため、このシュア・スタートセンターは、現在では子どもセンター（Children's Centre）として、貧困地域だけでなくすべての地域に設置されています。

　また、英国の子育て支援政策提言である「Every Child Matters（どの子どもも大切)」が2003年に発表され、予防と保護システムを含めた総合的な政策の強化とともに、アウトリーチやホームビジティングの重点活用を柱にした積極的な取り組みが行われ、その後も強化されて来ました。ブレア政権が取り組んだ政策のなかで評価が高いものとされています。

　また予防施策と保護施策の間の大きな溝を無くすための多職種協働の取り組みも強化されてきています。日本でいえば地域子育て支援拠点の子育て支援員と児童相談所の児童福祉司が一緒に当該家庭への支援について協議し家庭訪問を行うなどが現在では普通に行われています。

(2) 子ども家庭のアセスメントと支援対象区分

　支援が必要な子どものアセスメントは、日本でも有名なトライアングルである The Assessment Framework が使われています（図1）。特定の職種だけのアセスメントツールではなく、いろいろな専門職共通のアセスメントの枠組であるところが特徴です。どんな職種も同じ視点でアセスメントし、共通の用語を使い協議し支援することを可能にする工夫でもあります。

　また、アセスメントされた子ども家庭と利用する施策・制度との関係を整理したものが図2（Department of Health, 2000）です。5つの円があることが見て取れます。すべての子どもたちのなかに、子どもセンターなどによる早期支援（early help）の対象となる要支援児童（Vulnerable Children）がいます。主に予防的支援の対象となる子どもや家庭です。また裁判所の命令（Legal mandate）の対象となる要保護児童（Children in need）のなかに、日本では里親・乳児院・児童養護施設等を利用する子どもたち（Looked After Children）と、リスクが高く子ども保護計画（Child Protection Plan）が立てられている子どもたちがいる形になっています。これらの区分によって、適用される制度、支援体制や支援の内容が区別されます。なお、要支援児童（Vulnerable Children）は普遍的施策をより積極的に集中的に活用することで支援される層も含み、問題の発生予防の対象です。

(3) 子ども虐待施策と近年の変化

　英国での子ども虐待の対応については、19世紀はじめに全国児童虐待防止協会（NSPCC）が設立されています。戦後は子ども虐待の存在を英国で認識する契機となった1973年のマリア・コーウェル事件や、子どもの保護の促進とソーシャルワーカーの質の向上という課題が提起された1984年のジャスミン・ベックフォード事件、専門職による親子分離に関する権利侵害（システム虐待といわれている）が指摘された1987年のクリーブランド事件、機関間連携の不足とともにその危険性認識の必要性や、子どもの保護システムだけによる支援の限界が指摘された2000年に発生したヴィクトリア・クリンビエ事件、また近年では2006年のBaby P事件

図1　アセスメント枠組

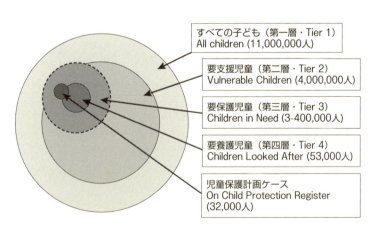

図2　イングランドにおける要保護児童等の範囲

(Representation of Extent of Children in Need in England at any one time
(Department of Health, 2000))

等、数々の事件の検証とそれに基づく制度や実践の改善など大きな社会的取り組みが積み重ねられてきています。また、こうした事件の共通の課題としては不適切なアセスメントと不十分な連携が大きく取り上げられていました。

近年の一連の施策としては1989年児童法と、それに基づいたガイドラインとして『子どもの安全のためにともに取り組む（Working Together to Safeguard Children）』が1991年にまとめられています。親や子どもとの関係性を大切にし、支援計画を作ることを重視し、危機介入による親子分離等は最小限とし地域での家庭生活の維持を基本にするというものです。その後も2015年『Working Together to Safeguard Children』が発行され、2017年児童法が制定されるなど改善は進んでいます。子ども虐待対応のキーとなる機関は地方政府（日本の県に類似のもの）に置かれるCSC（Children's Social Care Services）です。また2000年のヴィクトリア・クリンビエ事件を契機に、機関間連携や多職種・多専門間連携を一層確実に進めるため、各地方政府にLSCB（Local Safeguarding Children Board）が設置されました。LSCBは、2004年児童法の制定により民間の組織でその事業の地域間格差が大きかったACPC（Area Child Protection Committee）の改善形態として設置されています。具体的事業としては、実際の子どもや家庭の支援やそのマネジメントではなく、制度やサービス開発、研修、施策の中間評価、深刻事例再検証や死亡事例の情報収集と分析等を担当しています。

(4) 子ども虐待への対応システム

子ども虐待施策は、要保護児童（Children in need）への支援のなかに位置づけられています。虐待対応の中核となる機関は、前述した日本の児童相談所に類似の子どもソーシャルケア・サービス（CSC）です。CSCに通告（リファー）されてきたケースには、子どものリスクの状況に対応して、下記のとおりその後の8つのフローチャートが設定されています。ここでは、主なフローチャート（1〜5）について図示することにします。子ども虐待施策は、本書が発行された以降については大きな改正はありません。

ただ、1つだけ留意しておきたいことがあります。インケアの段階と、リービングケアやアフターケアの部分が近年強化された点です。フローチャートでは6の部分が追加されています。

フローチャート1：地方当局子どものソーシャルケアサービスに通告された時の行動

フローチャート2：緊急保護

フローチャート3：1989年児童法に基づく子どものアセスメントのための対応

フローチャート4：緊急戦略会議に続く対応

フローチャート5：評価も含めて子ども保護会議の後に何が起こるか？

フローチャート6：社会的養護から家庭に帰って来た子ども

フローチャート7：すべての子どもの死に関するその後のプロセス

フローチャート8：子どもの予期しない死への早応のためのプロセス

なお、フローチャート5では子ども保護計画の策定以降は、ケースの再評価が図3のとおり時期を決めて実施されることが明示されています。

なお、子ども家庭福祉の分野だけでなく、教育も含めた対人サービスに関する総合的な評価システムによってもサービス評価を実施しています。日本でいう第三者評価です。評価機関の前身は1992年教育法で制定・設置され、その後2006年の教育検査法（Education and Inspections Act）でオフステッド（Ofsted）と名称を変更しています。教育・保育・児童福祉施設・里親・自治体の児童保護機関などの評価を担当しています。3年毎

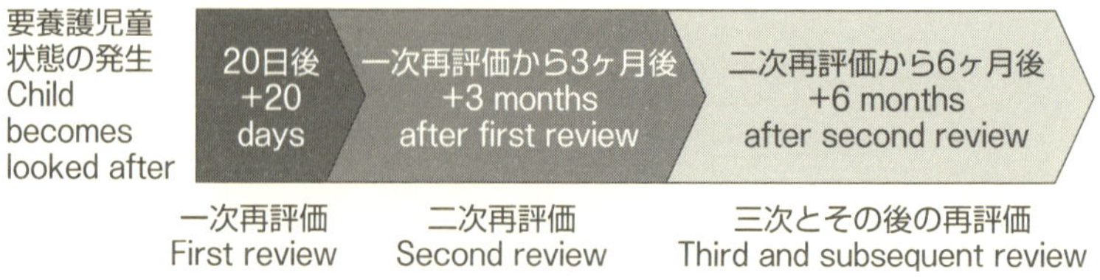

図3　再評価の間隔

この本を読む前に読んでほしいこと | 11

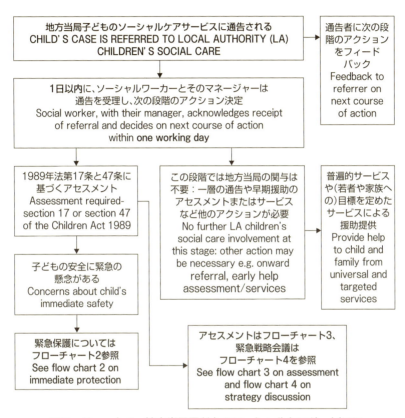

フローチャート1　地方当局子どものソーシャルケアサービスに通告された時の行動
Flow chart 1: Action taken when a child is referred to local authority children's social care services

（1～5とも、Working Together to Safeguard Children 2018 より
https://assets.publishing.service.gov.uk/government/uploads/system/uploads/attachment_data/file/729914/Working_Together_to_Safeguard_Children-2018.pdf）

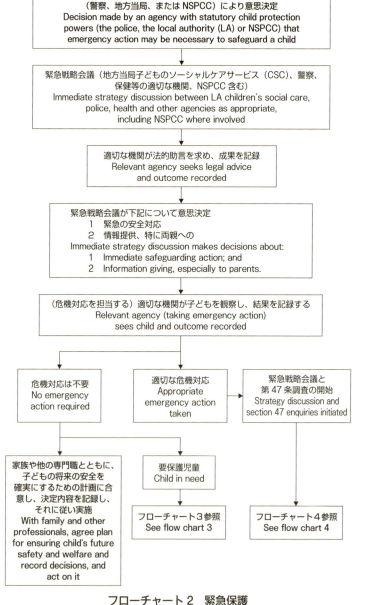

フローチャート2 緊急保護
Flow chart 2: Immediate protection

この本を読む前に読んでほしいこと | 13

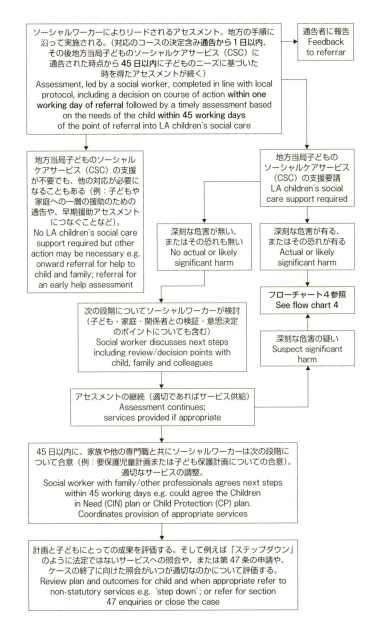

フローチャート3　1989年児童法に基づく子どものアセスメントのための対応
Flow chart 3: Action taken for an assessment of a child under the Children Act 1989

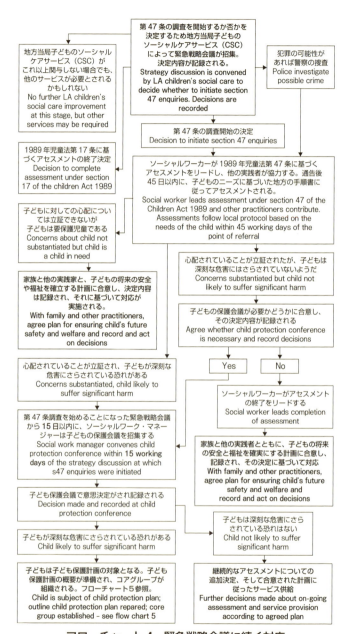

フローチャート4 緊急戦略会議に続く対応
Flow chart 4: Action following a strategy discussion

この本を読む前に読んでほしいこと | 15

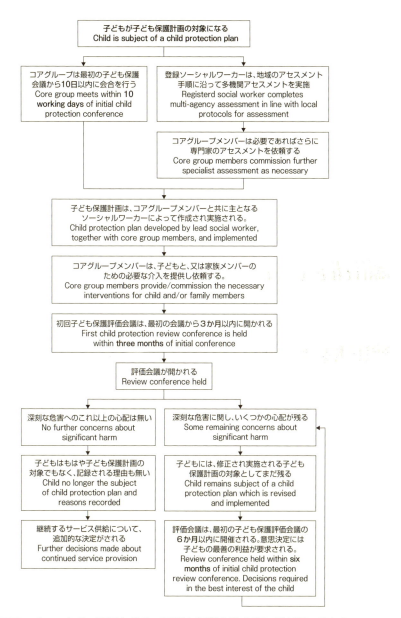

フローチャート5　評価も含めて子ども保護会議の後に何が起こるか？
Flow chart 5: What happens after the child protection conference, including the review?

の実施で、評価結果は①Outstanding、②Good、③Adequate、④Inadequateの４つの区分で明示・公表されます。

(5) 特に予防の概念について

　ここで留意しておかなければならないのは、要保護児童（Children in need）への施策は追加的サービス（additional services）と表現される点です。サービス分析のための枠組（A Framework for Analyzing Services）を見てみましょう。まず第一層として教育や保健等すべての子どもたちに保障される普遍的サービス（universal services）、つまりポピュレーションアプローチによる支援が土台としてすべての子ども家庭に提供され、その上にこうした普遍的サービスが届いていない子ども家庭に結びつける予防的サービスが第二層、つまり一次予防（要支援児童（vulnerable children）への問題の発生予防のための支援）として存在し、これらの施策では対応できないより困難な子ども家庭には普遍的サービスに「追加」したサービス（additional services）が提供されるという考え方です。

　つまり生活が困難な子ども家庭は普遍的サービスと追加的サービスの両方が提供されるという点が重要です。日本ではこの２つのサービスの供給主体が市町村（普遍的サービス）と都道府県（追加的サービス）に分かれていることから、要保護児童やその保護者への普遍的サービスの適切な活用による支援への取り組みが極めて弱い状況で、両方が適切に提供されているとはいえません。また一次予防の概念が明確でなくポピュレーションアプローチに含めて考えられている嫌いがあることから、一次予防の領域の存在が意識されず、施策も問題の発生予防のために適切に活用されず、当然概念や用語上も曖昧なままとなっています（表１参照）。

　また、予防の基本区分に基づき７つの対象層を設定（日本は３つ）し、それぞれにきめ細かい支援体制を用意し、普遍的サービスと追加的サービスを重層的に提供しています。加えて、日本は、領域ごとに予防概念のずれがありますが、イングランドの対象層設定は福祉・保健・教育等領域共通で多領域の共通認識になっていることも特筆されます。

　なお、vulnerable children とは、第二層（Tier 2）として要支援児童を

権限のある当局
THE ENABLING AUTHORITY

福祉モデル：州政府の役割
WELFARE MODEL: ROLE OF STATE

介入レベル LEVEL OF INTERVENTION	最終手段： 安全ネット Last resort: Safety net	ニーズ対応 Addressing Needs	社会的不利との闘い Combatting Social disadvantages
基礎 （全住民） Base (populations)			
一次 （支援が必要な人々 や地域：多様） First (vulnerable groups and communities: diversions)			
二次 （早期のストレス状態） Second (early stresses)			
三次 （重篤なストレス状態） Third (severe stresses)			
四次 （親子分離：社会的 養護） Fourth (social breakdown: 'in care'			

地域
Community
開発
development

ソーシャルケースワーク
Social casework

ソーシャルケア計画
Social care
planning

治療的な
Remedial
介入
Interventions

図4　サービス分析のための枠組

表1　日英の予防概念のずれ

基本区分	イングランドの対象層設定	日本の予防モデル	
		医学・保健の予防モデル	社会福祉の予防モデル
増進	Tier 1　すべての児童 —ポピュレーションアプローチ—	増進（＝一次予防） （発生予防） —ポピュレーションアプローチ—	増進
一次予防	Tier 2　要支援児童（Lower）		＊一次予防を独立させた整理もある
二次予防	Tier 2　要支援児童（Higher） Tier 3　地域の要保護児童	二次予防 （早期発見・早期対応）	二次予防 （早期発見・早期対応）
三次予防	Tier 4 里親や施設の要養護児童 児童保護計画ケースの児童	三次予防 （治療・リハビリテーション）	＊三次予防とする整理もある
四次予防	退所後のアフターケア対象児童		三次予防 （退所後のアフターケア）

注　基本区分は、Jamoulle M. Prevenção quaternária: primeiro não causar dano. *Rev Bras Med Fam Comum.* 2015; 10(35):1–3 を、医学・保健モデルは、北村勝彦「疾病リスクと予防医学」辻一郎，小山洋（編）『シンプル衛生公衆衛生学』2010，南江堂，東京，p. 50 と、厚生労働省老健局資料，2009 などを参考に作成

指し、一般に軽度からやや重い層までを幅広く指しますが、本書ではやや重い層（Tier 3、要保護児童）以上の子どもたちを想定して書かれています。

Ⅲ　主な訳語について

　本書には原著者による用語の注がありますが（p.30）、それ以外の主要な訳語について下記に説明を加えておきます。日本の制度や一般的用語との関係を踏まえて日本で理解されやすい訳語をつけるようにしました。しかし、日本での定訳が無いことから正確さを期するためにもともとの英語表記も極力本文中にも付記するようにしています。なお、原書にないものの、注釈を加えた方がよいと思われるものについては〔　〕に入れて記しました。一部、長くなるものは脚注としています。

機関名	
around the child and/or the family（Core group）	アセスメント後に子どもと家族の周囲に組織される専門職チーム。コアグループと称される。
Children's Social Care Services（CSC）	子どものソーシャルケア・サービス 地方当局の中の機関。日本の児童相談所類似のもの。
children's trust	子どもトラスト（子ども信託基金） 関係機関の間の協力体制が無いこと、事業の重複による非効率性などといった弊害を取り除くためにブレア政権時代に英国で設置された機関である。子ども家庭に関わる教育、福祉、保健サービスを中心に非行対策や総合情報サービスをもその対象として包含したもの。行政を中心に民間の営利・非営利団体にも関わるサービス供給主体を総合した共同体の役割を持つ信託基金。
contact center	面会交流センター
district authority	地域当局 郡部を担当する機関。
housing association	住宅供給協会
local authority	地方当局 州（County Council）などに配置される機関。日本の県の機関に類似。
primary care trusts	一次保健医療信託基金（PCT） 保健省（Department of Health）より、医療関係予算が配分される機関。各地域にあるPCTは、地域内のNHS Trust と呼ばれる公的病院群、及び地域のprimary care を担当するGeneral Practitioner（以下GP）に予算を配分する。NHS Trustは、地域の複数の病院運営等を統括する機関であり、半官半民の組織である。英国における設備の整った大病院はほとんどがNHS病院である。
regulating body	管理統制団体
職名・職種名	
community safety officer	消防官（消防・救急・救出）
justices	上級裁判所判事
judges	下級裁判所判事
GP	家庭医（General Practitioner）
solicitor	事務弁護士
the welfare benefits worker	生活保護ワーカー

会議体名	
review meeting	再評価会議
strategy discussion	緊急戦略会議
strategy meeting	緊急戦略会議（複雑なケースで関係機関が顔を合わせて行う場合など）
子どもの支援区分	
children in need	要保護児童 日本の要保護児童（保護者のない児童又は保護者に監護させることが不適当であると認められる児童）より幅広い概念。
children look after	要養護児童 里親や児童養護施設等に措置が必要な児童。日本の要保護児童に近い概念。
child in care	被措置児童 乳児院・児童養護施設等や里親などへの措置等をされた児童。
vulnerable children	要支援児童 日本の要支援児童（保護者の養育を支援することが特に必要と認められる児童（要保護児童に該当するものを除く）とほぼ同様の概念。日本のポピュレーションアプローチの対象となる一次予防の対象層も入る）と、より厳しい状態の子どもたち。
サービスの種類	
child benefit	児童手当
contact services	立ち合い付の面会サービス
Targeted services	目標を定めたサービス（若者やその家族に対する短期間で集中的なサービス）
法律関係	
legal mandate	裁判所の命令
private law	民法
statutory guidance	法的ガイダンス
statutory order	法的命令
statutory power	法的権限
一般的用語	
alternative families	もう1つの家庭（同性の親、ひとり親、養父母、里親などの家庭）
CBT	認知行動療法（Cognitive behavioral therapy）

支援対象層	
Tier 1	第一層 普遍的なサービス供給やその他のサービスで対応されるニーズのある層。 Tier 2（第二層）は、要支援児童と家庭のニーズ層を指す。普遍的なサービスを集中的に提供することで対応する下位層（Lower Tier 2）と、追加的サービスを提供する上位層（Upper Tier 2）二つから構成されている。なお、本書では vulnerable children とは Tier 2 の中でも、上位層以上の子どもたちを主に指している。 Tier 3（第三層）は、要保護児童とその家庭で複雑で深刻なニーズのある層で、高度の専門家による重点化・専門化された支援が求められる。 Tire 4（第四層）は、里親や児童養護施設等に措置が必要な児童。 <div align="right">（p.7 図 2 参照）</div>

謝　辞

　本書の訳出と出版については、著者の Julie Taylor 氏や June Thoburn 氏、出版元の Taylor ＆Francis Group 社には快く承諾いただき感謝いたします。また、特に筆者の June Thoburn 氏と本書の出版の企画・調整された CAIPE（専門職連携教育推進センター The Centre for the Advancement of Interprofession Education）の前代表 Hugh Barr 氏には、出版のための様々な複雑な調整とともに、必要な専門的アドバイスをいただきました。感謝いたします。また、本書の企画を後押ししてくださった明石書店の深澤孝之氏、丹念な校正と訳文のチェックを担当してくださった岡留洋文氏にも心から御礼申し上げます。最後に文章の校正には娘の西郷紗理の協力があったことを申し添えます。

　2018 年 9 月　　　　　　　　　　　　　　　　　西　郷　　泰　之

目　次

この本を読む前に読んでほしいこと ―――――――――――― 3

Ⅰ　本書の概要と解説... 3
Ⅱ　英国の子どもの保護制度の概況と主要用語の説明.............. 6
Ⅲ　主な訳語について... 18
謝　辞... 21

はじめに ――――――――――――――――――――――――― 25

著者紹介 ――――――――――――――――――――――――― 27

用語集 ――――――――――――――――――――――――――― 30

1　協働実践
――要支援児童や家庭へのサービスの重要な構成要素 ―――――――― 35

第1節　導入――なぜこの本なのか？　なぜ今なのか？............. 35
第2節　協働して働く任務.................................... 40
第3節　協働実践を支えるサービス供給組織...................... 46
第4節　子どもと家庭との協働実践のための多職種間の教育と訓練.... 53

2 追加的な支援や保護サービスを
最も必要とする子どもや家庭は誰か？ ──── 61

第1節　導入 61
第2節　追加的なサービスが最も必要とされるのは
　　　　どんな子どもや家庭か？............................... 63
第3節　どんな追加的なサービスが必要とされるのか？........... 67
第4節　事例 69

3 裁判所の命令や法的ガイダンスの下で協働する ──── 79

第1節　法的な権限と義務の概要 79
第2節　法令 81
第3節　協働の義務 83
第4節　親や年長の子どもの同意の下で提供されるサービス 86
第5節　強制的な介入 89
第6節　法による制限または終結命令　親の権利と責任............ 91
第7節　犯罪捜査 95
第8節　要養護児童への協働での取り組み 97

4 要支援児童や家庭と協働して取り組むための価値基盤 ── 103

第1節　導入──共有された専門職の価値 103
第2節　専門職の倫理や基準に関する規定 105
第3節　登録されている専門職 107
第4節　記録の保管と守秘義務 110
第5節　守秘義務と実践のなかでの情報共有..................... 112

5 協働実践の知識基盤 ————————————————— 121

第1節　政策次元 121
第2節　協働実践に関する調査や評価からのメッセージ 124
第3節　理論と実践の文献から見えてくる問題 129
第4節　結論 140

6 効果的な協働実践に向けて ———————————————— 143

第1節　導入 143
第2節　要支援児童や家族の援助のいくつかのアプローチ 144
第3節　効果的な多職種間協働の基本的な要素 151
第4節　事例で紹介した家族との活動のなかでの協働実践 152
第5節　結論 167

CAIPE 協働実践シリーズの追記 ———————————————— 171

参考文献 ——————————————————————————— 175

はじめに

　とても良い機会にこの書籍『Collaborative Practice with Vulnerable Children and their Families』が出版されたと思います。この本は、子どもや若者、そしてその親たちに関わりを持つ、現在増加中の機関や専門家たちにとってますます重要になっていることをテーマとしています。ここ数年で、健康や福祉、司法の分野で働いている人たちが自分たちの専門的な仕切りやサイロ〔米・トウモロコシ・大豆などを一時的に貯蔵する大きな円筒状のタンク〕のなかに閉じこもったまま物事を判断したり、仕事をしたりすることは、もはや適切ではないということが明らかになってきています。公的な報告書や説明では、特に1970年代以来、情報の共有やますます重くなっている責任に関して、顕在的なまたは潜在的な子ども虐待の明確化や予防のため専門家たちによる「ともに取り組む（Working Together、ワーキング・トゥゲザー）」が強調されてきています。しかし、もはや子ども虐待がある場合だけの課題ではなく、協働の必要性は、援助や支援がより早い段階で実施できるという点でも同様に重要となります。要支援児童や若者とその家庭への介入は政治的・政策的に大変重要です。しかし、これが意味することや、どう実践のなかで取り組むべきなのかを考えることはもっと大きな挑戦なのです。

　ジュリー・テイラー Julie Taylor とジュン・ソウバーン June Thoburn はこの挑戦に正面から取り組んでいます。実践的、組織的にアレンジされて使われている言葉は、とても曖昧で、そして幅広い解釈や間違った理解がされていることを認識しているので、彼女たちは言葉を注意深く使うようにしています。「協働」は様々な専門家、機関、ボランティア、家族がともに活動する多様な方法をうまくカバーしてくれる総称です。一方、「要支援」という言葉は、多くの点で重層的な危害が明白であり、潜在的に存

在する、教育や保健福祉などのすべての人に提供される普遍的サービスに追加してさらに焦点化されたサービスが必要な、子どもと若者に関連させて理解されています。多くの点で、適切に理解され使用されている後者「要支援」のように、前者「協働」も多様な形態で明確に理解され使用されることが求められているのです。

この本はすみからすみまでとても理解しやすいスタイルで書かれています。また、多様な部署で働いている実践家や運営管理者、トレーナーに深い関心を持たれ利用されるでしょう。この本は適切な調査や知識を基に、適切な権限、法規、ガイド、組織的な文脈などについて記述されています。そして、支援が必要な子どもや家庭と協働して動くための価値基盤の重要性を重視しています。また、いろいろな事例や、個別支援や集団支援で行える練習問題も提供しています。これらは実際の生活支援にテキストを活用するための工夫ですし、こうした実践の複雑さと挑戦について理解できない読者を実践に結びつけるための工夫でもあります。

政策上では、こうした取り組みをより必要としていることは明らかです。専門家たちは早く実施すべきで、そうすれば問題の深刻化を予防できるという期待がありますが、ことは単純ではありませんし、その取り組みの複雑さは増しています。発見されていない子どもの傷つきやすさの新しい形態や範囲のみならず、現場の運営機関の範囲や形態は多様化し、流動化し、おそらく断片化もしています。民間セクターや社会的起業団体、そして全般的な動向により、サービスの委託や専門化が進んでいると同時に、情報技術の多様な形態での活用はとても急激に成長しています。こうしたことは、近年の協働の必要性への期待を高めています。この本が時宜に合い、歓迎されているのはこうしたことからです。この本は、来るべき時のための価値あるものであることを約束します。

ニゲル・パートン　BA, CQSW, MA, PhD

英国ハダースフィールド大学　人間・健康科学学部応用子ども研究科教授

2015 年 10 月

著者紹介

ジュリー・テイラー　Julie Taylor

PhD（学術博士）、FRCN（王立看護大学特別研究員）、RN（登録看護師）、

MSc（修士）、BSc（Hons）（学士（4年生））

　子どもの虐待に関する看護科学の専門家。現在、バーミンガム大学の保健・人口科学部の子どもの保護に関する教授。エジンバラ大学（NSPCC子ども保護調査センター）とダンディー大学（看護助産学部）で学部長も務めていました。また3年間（2010 ～ 2013）、全国児童虐待防止協会（NSPCC）で戦略と開発の責任者でもありました。

　ジュリーの業績は、公衆衛生分野での子どもの不適切な養育の改善に関する全国的、国際的な最先端のものです。彼女の調査プログラムは、保健とソーシャルケアの間の接点に焦点化されているとともに、増大する危害に関する論文や、多様な困難状況（家庭内虐待、親の精神保健、薬物乱用、障害など）を抱えた生活の指数関数的な影響に関するものが多くなっています。彼女の多分野への政策との関連を踏まえた業績により、これらの領域間の境界線に影響を与えているなど、子どもの保護については、分野間での学術的にも実践分野でも中心となる課題となっています。彼女は、8冊の書籍と100を超える論文を書いています。

ジュン・ソウバーン　June Thoburn

CBE（大英帝国勲章三位（コマンダー））、LittD（文学博士）

　イーストアングリア大学（UEA）のソーシャルワーク領域の名誉教授。1963年にソーシャルワーカーとして資格を取得、英国やカナダの地方政府の子ども家庭ソーシャルワークや包括的実践部門で働いています。その後1979年にUEAに在籍しながらノーフォーク州政府からの任命も受け

ています。彼女は、UEA子ども家庭研究センターと共同研究推進機構の創設責任者であったことから、ソーシャルワーカーの実践で培われた知識を使って、ソーシャルワーカーを支援する新たな方法を見出すことに特に関心を持っています。彼女の教育や研究は、地域における子どもや家族のための、家族支援や子どもの保護サービス、そして家族・里親・養子縁組などの家庭から離れて生活している子どもたちへのサービス等を包括しています。

彼女は、実践者、教育者、研究者のキャリアを通して、協働を基盤とした理論や実践アプローチの開発に関心を持っています。他の機関や多分野からの専門職同士の協働だけでなく、サービスを必要としている子どもたちや大人たちとの協働についてもです。これに関連して、マイノリティの子どもや家庭のための子どもの福祉サービス提供に関した研究もしています。彼女の最初の書籍である『捕らわれたクライアント』や『権威主義か協働か—子どもの保護過程へ家族を包含する—』、そして社会的な養護下にある若者の声の報告である『あなたの叫び』などから、クライアントや患者がサービスを受けることに同意できなかったり、いやいや同意する時の力の関係を探ることに特に関心を持ってきました。もう１つの重要なテーマは、異なる法的権限のなかで専門家たちが家族支援や子どもの保護サービス提供についてともに取り組んでいる方法の相違点と類似点の探求です（レバーヒューム財団助成の研究である28の法的権限において家庭外でケアされている子どもたちの研究や、『ヨーロッパの子どもの保健サービスとシステム』（I. Wolfe & M. Mckee, eds）のなかの要支援や不適切な養育がされている子どものサービスに関する章で扱われています）。

彼女は、複雑な子どもの福祉ケースにおける専門的なエビデンス（英国やその他の国で）を提供すること、そして子どもの死や深刻な傷害を引き起こした事件の分析を頻繁に依頼されています。また、総合ソーシャルケア協会の副議長や、ジャージー子ども保護委員会議長、Cafcassの理事などを歴任しています。現在は、ノーフォーク家族裁判所理事会議長や、ファミリーライフ（Family Lives）やブレイク・チャリティ（Break Charity）の評議員を務めています。また、近年子どもの性的虐待に関する外

部調査学術的顧問会議（The Academic Advisory Board of the Independent Inquiry into Child Sexual Abuse）メンバーに任命されました。

CAIPE　専門職連携教育推進センター

(Centre for the Advancement of Interprofessional Education)

　1987年に設立されたCAIPEとは、メンバーとともに専門職連携教育を促進し開発する保証責任団体であり会社です。

　ともに学び取り組む専門職たちによって、協働実践や患者の安全やケアの質を改善することを目的とした、英国や海外の同じ志を持つ組織とともに活動します。CAIPEは専門職連携教育に関する、出版やワークショップの開発、コンサルテーション、委託研究、そして国際的な共同、プロジェクトとネットワークなどを行っています。

　CAIPEは専門技術や経験を提供するのみならず、教育と保健、保健とソーシャルケアその他の垣根を超えた協働を促進する自主的な展望を示しています。CAIPEへの加入は、学術的な研究所や、英国や海外の独立系や公的なサービス提供事業者などの個人や生徒、組織に開かれています。

　CAIPEに関する詳しい情報や、会員になるその他のメリットについては、www.caipe.org.uk を見てください。

用語集

用語	正式名称	和訳
ADHD	attention deficit/hyperactivity disorder	注意欠如多動性障害 不注意や多動を含む行動症状のグループの1つ
BASW	British Association of Social Workers	英国ソーシャルワーカー協会
BMA	British Medical Association	英国医師会
CAF	Common Assessment Framework	共通アセスメント枠組 『どの子どもも大切（Every child matters）』にある成果を達成できていない危険があると思われている子どもの、付加的なニーズをアセスメントするための標準化された接近法。イングランドとウェールズで使われています。類似の包括的なアセスメントはスコットランド（統合されたアセスメント枠組（Integrated Assessment Framework））と北アイルランド（北アイルランドの子どものニーズ理解（Understanding the Needs of Children in Northern Ireland））でも作られています。
Cafcass	Children and Family Court Advisory and Support Service	子ども家庭裁判所助言・支援サービス
CAIPE	the Centre for the Advancement of Interprofessional Education	専門職連携教育推進センター
CAMHS	Child and Adolescent Mental Health Services	青少年精神保健サービス
Care order		保護命令 子どもに地方当局の支援を提供すること、そして地方当局に子育ての責任を持たせること
Child in need		要保護児童 サービスが無ければ、健康や発達の保障が難しい児童（1989年児童法第17条参照）

用語	正式名称	和訳
CPN	community psychiatric nurse	地域精神科看護師
CPP	child protection plan	子ども保護計画
CQC	Care Quality Commission	ケアの質委員会
EPO	emergency protection order	緊急保護命令
FDAC	Family Drug and Alcohol Court	薬物・アルコール家族裁判所
FIPS	family intervention projects	家族介入プロジェクト
FNP	family nurse partnership (referred to as NFP in the United States)	家族と看護師パートナーシップ（アメリカの NFPのようなもの）
FRP	family recovery project	家族回復プロジェクト
GMC	General Medical Council	医療総合協議会
GSCC	General Social Care Council	社会的ケア総合協議会
GTCE	General Teaching Council for England	イングランド教育総合協議会
HCPC	Health and Care Profession Council	健康とケアの専門職協議会
HE	higher education	高等教育
HEI	higher education institution	高等教育機関
HV	health visitor	保健師
HVA	health visitors association	保健師協会
ICS-HS	integrated children's services in higher education	高等教育統合子どもサービス
iHV	Institute of Health Visiting	保健訪問機関
Integrated Services		統合されたサービス 地域の、多様なサービスをまとめるための サービス拠点。これは、普通は1つの建物に あり、その実践者は子どもや家族に統合され た支援を届けます。
IPE	Interprofessional education	専門職連携教育（専門職間教育と協働実践に 関する議論を参照）
IRO	Independent Reviewing Officer	独立検証官 検証官は事例検証に参加するため任命され、 地方当局の実績を検証の観点から中間評価 し、それが子ども家庭裁判所助言・支援サー ビス（Cafcass）に送致することが適当な ケースかどうかを検討します。

用語	正式名称	和訳
LAC	Looked-after children	要養護児童
Legal planning meeting		司法的計画ミーティング 司法への入口となるミーティングとして知られているものです。親たちとの話し合いでは子どもの保護や福祉が保障できない時に、または司法的命令による保証が子どもの計画の実行可能性確保のために必要となった時に開催されます。子どもを家族と再統合することについて検討する場合にも開催されます。
LSCB	Local Safeguarding Children Board	地方子ども安全理事会
Mandatory reporting		義務的報告 特定のグループや専門職が、法的な責任の下で虐待やネグレクトの疑われるケースを、適切な当局に報告するものです。
Manualised intervention		手引き化された介入 手引書や手順書を使い、標準化されたプログラムや介入
MARAC	multiagency risk assessment conference	多機関リスクアセスメント協議
MASH	multiagency safeguarding hub	多機関安全拠点
Multiagency panel		多機関間パネル 多機関間支援が必要と思われる子どもや若者に関して討議するため短期間定期的に会う、異なった機関からの人たちによるグループ。
Multiagency team		多機関間チーム 実践家たちが1つのチームに採用され、または配置転換になり、チームとしての一体性を持ち、1人のチームリーダーにより運営されるようなより公的な体制。
NMC	Nursing and Midwifery Council	看護助産協議会
NSPCC	National Society for the Prevention of Cruelty to Children	全国児童虐待防止協会
Ofsted	Office for Standards in Education, Children's Services and skill	教育水準局

用語	正式名称	和訳
RCGP	Royal College of General Practitioners	家庭医王立大学
RCM	Royal College of Midwives	王立助産師大学
RCN	Royal College of Nursing	王立看護大学
RCPCH	Royal College of Paediatrics and child Health	王立小児科・子ども保健大学
SCR	Serious case review	深刻事例再検証
SENCO	Special education needs coordinator	特別支援教育ニーズコーディネイター
Significant harm		深刻な危害 身体的、情緒的、心理的または情緒的健康や発達が、介入しないと将来害されると思われる状況
Supervision order		スーパービジョン命令 子どもを指名された地方当局の権限の下に置くこと。地方当局は、子どもが特定の場所に住み、教育や特別な訓練に参加し、特定の時期に特定の場所に報告し、スーパーバイザーが居住地に訪問することを認めるよう求めることができます。
Team around the Child（TAC）or Team around the family（TAF）		子どもの周囲のチーム／家族の周囲のチーム 子どもや若者、家族を支援するためのアセスメント後に、ケース毎に設置される多専門のチーム。TACはオーダーメイドの支援を提供するため異なるサービス機関の実務担当者が集まったもの。
YOTs	Young Offending Teams	少年非行対策チーム

協働実践

要支援児童や家庭へのサービスの重要な構成要素

要　約

この章では、本書で使われる言葉を紹介し、協働的取り組みが、なぜ要支援児童や家庭（訳者注：以降「支援が必要な子ども家庭（Vulnerable children and their families）」を「要支援児童と家庭」と表記する）が必要とするサービスの重要な要素であるのかについて概観していくことにします。つまりサービス提供のためのこれまでと異なるアプローチを描くことになります。このことは、この分野でこれらの取り組みのための専門職連携教育の発展を概観することにもつながります。

第1節　導入——なぜこの本なのか？　なぜ今なのか？

　要支援児童と家庭への機関間実践は重要です。一次、二次、三次のサービスレベル〔p.12参照〕相互間、サービス提供機関間、多くの専門領域にわたるチーム内での専門家間の取り組みなどの介入のレベルのすべてを通じて重要になります。この本は三次レベル、つまり深刻な問題にさらされている子どもや家族・保護者や、あるいは家庭外の措置が必要なため特別なサービスが行われている人たちへの、協働による効果的実践に焦点化しています。

　子どもと若者の発達と子どもの保護に関する調査によると、すべての年齢層において複雑な困難を経験している両親と子どものウェルビーイングは、質の高い単一の専門サービスだけでなく、専門家たちのなかでよく調整されたサービスが無いと悪化してしまうことが明確となっています。効果的な支援や、教育、治療、入所サービスの効果的提供のためには「家族の周囲のチーム（team around the family）」アプローチはとても重要です。

英国では、虐待またはそれにとても類似した理由で子どもが亡くなると、子どもの保護のための地方政府の委員会の責任により、そのケースの独立的な検証が委任されます。これらの検証は批判のためではなく、そのケースから学ぶことを引き出すためです。イングランドとウェールズではこうした調査は深刻事例再検証（SCR）として知られています。スコットランドでは深刻ケース検証、そして北アイルランドでは独立マネジメント検証といわれています。私たちは、他の章でもより徹底的にSCRから導き出された学びについて触れていきます。しかし、法的条項や政策、実践指導があるにもかかわらず、多職種間や機関間の実践が行うべきことができない状況にしばしば陥ってしまうことを、これらの検証は示しています。

　一方で多くの効果的な実践が、公にされた研究や、それぞれの専門家グループに向けた効果的な実践に関するテキストのなかで紹介されており、そのほとんどがチームワークの重要性を強調しています。しかし、多職種間実践についてまとめているテキストの数は限定的で、そのいくつかは特別な家族のサブグループ、例えばすでに正式な子ども保護計画下にあったり、依存症に関するものであったり、家庭外での施設入所や養子縁組などについてのものとなります。

　これらのテキストを見るとどれでも協働や統合的ケアや多専門職チームに関してのことが、最初に書かれています。それは我々がこれらに価値を置いているものの、あまり得意ではないと思われているからです。同時に、我々は要支援家庭についての知識——例えば何が彼らを要支援にするのか、その子どもや若者への影響は何なのか、リスク要因を減らし保護要因を増やすためには何ができるのかなど——の爆発的増加という前例の無い状況にいます。

　協働実践と要支援家庭をつなげるためには、家族と新しい方法で関わることが必要となります。しかしその一方で、このことにはエビデンスの基盤が明確にあるわけではないのです。私たちの直観や私たち1人ひとりの実践知、そして、多様な困難な環境のなかで生活している状況、また私たちの関心とサービスを彼らに届けられていないことなどから弱いと思われている家族とより効率的・効果的に関わることができるに違いないという、

道徳的な感覚に支えられているにすぎないのです。

　多くの複雑なニーズを抱える子どもや家庭のためのそれぞれの専門家向け実践書に加え、協働の仕事を改善することを目指した政策や、手順、体系について多くの著作が出ています。しかし、親や子どもたちが複雑な困難に遭遇した時、どううまくともに取り組むかに焦点化したものは極めて少なくなっています。

　私たちはこれまでと同じものを作るのではなく、効果的な専門家間協働の基本的な要素である他の研究者や教育者、そして実践家の業務の土台の上に新しい実践論を打ち立てたいと思います。そして効果が少なくなるような落とし穴も明確にしたいと考えています。読者は章の終わりのキー・テキストのなかの１冊や、この本に添付された要支援児童や家庭を支援する人たちのために考えられた「道具箱」を読む勇気が一層湧いてくるでしょう。

　このハンドブックは、所属する専門団体に専門の境界を越えて活動する力を期待されている、資格取得中または資格を持っている専門職のために書かれています。また子どもへのサービスにより関心が高い学生たちのためでもあります。例や実践例、そして研究報告書はおおむね英国のものです。しかし、この本は世界中の読者層にとって意味があるものになっています。

　資格取得中の学生にとっては、専門家相互の観点や統合的チームやネットワークのなかで働く実践的なアプローチに関する知識や情報を提供してくれるでしょう。また資格取得後の課程を履修中の経験ある専門家にとっては、法律や調査、実践の発展のアップデートの機会となります。引用されている情報源は主に保健、ソーシャルケア、ソーシャルワークなどからのものです。しかし、ケースの挿話や練習問題のなかで、要支援家族の周囲の他のメンバー（教員、事務弁護士、警察、ユースワーカー、住居やその他関連する助言を担当するワーカー）の役割も示しています。准専門家（例えば、ファミリーサポートワーカー、教育やヘルスケア助手、基本学位程度の人）や、プライマリーケアまたは地域で働く専門職にも使いやすくなっていますが、本書の内容は、より困難な親や子どもへのサービスを提供している

意思決定者や、ケースの責任を持つ特別な人を対象としています。政策や手順、法律に関する現実的な情報に関してはイングランドのものが使われているのですが、参考文献は他の英国国家や、国境を越えた国際的な文脈にもつながっています。

　私たちは、読者が、家族のストレスや要支援性や子どもの不適切な養育の原因や影響についての情報、ならびに読者の専門分野のテキストのなかで最適な実践の情報について関心を持ったり、別の例を見つけてくれるだろうという期待を持っています。各章の終わりでこれらのキーとなるものを紹介しています。

　こうしたことから本書ではより効果的な協働につながる知識や実践に焦点を当てています。内容は振り返りや知識提供がされた上での理解、分析技能などを深めるものとなっています。

　それぞれの章には読者のための練習問題や、振り返りのためのポイントが含まれています。これは、自分自身の経験や実践に関連させたり、この本の他の部分と関連させたりすることでより多くのことを理解することに役立つでしょう。そして、サービスやケアを改善する効果的な協働に向けたいい機会にもなるでしょう。練習問題は認知学習（知識と考えること）、効果的な学習（感じること）、そして（もし読者がグループで学ぶことができるのであれば）行動に関する技能に焦点を当てています。このシリーズの他のものと同じく、この本の目的は、伝統的な専門的境界を越える協働的で機関間連携のできる実践者として読者を成長させることです。

　練習問題はその節のトピックに関係するか、2章で紹介されそれに続く章で展開される事例に関係しています。そのいくつかは公開されたウェブサイトで使える材料も含むその他の参考文献も含んでいます。しかし、私たちは練習問題の質問に答えを用意してはいません。例えば法的に許されているものや要請されているものなどについては、時々は質問に対する正しい答えがあることもあります。しかし、皆さんが考えるための事例に基づいた質問は、おおむね正しい答えがあるわけでなく、また判断するための情報に限界があることから正確な判断はできないでしょう。こうしたことから、すべてのケースにおいて、多くは以下の点に左右されることにな

ります。様々な家族構成員の反応（個人としてまたは家族の関係性のなかでの）、あなたがこれらの家族に関心を持つ理由、彼らが援助を求めているのか、またはあなたの注意をしぶしぶ受け止めているのかどうか、そしてあなたの専門的な知識や技能と法的権限、そして家族メンバーがあなたやあなたが彼らのまわりに構築できる専門的な支援関係の性質についてどう反応しているのか、です。

　あなたが機関間連携や多専門職集団のなかでこうした練習問題を活用することができて、それがあなたの実践に役立つものであるなら、一言アドバイスしておきます。常に、自らの提案する行動や、専門的な立場や見解を明確に示し「弁護」するようにしてください。しかしあなたの専門性や専門的な意見や行動について、防衛的にならないようにしなさい。

BOX1.1　私たちが使う用語

「要支援家庭」とは下記の言葉と同じです。

- ・多問題家庭
- ・複雑な困難のある家庭
- ・支援が困難、または改善が難しい家庭（家族メンバーがサービスにつながるため奮闘しているにもかかわらず）

　何の、そして誰からの危険であるかが明確でないのであれば、私たちは「危機な状態にある（at risk）」という用語は使いません。また、ガイダンスからの引用や、「公的な子ども保護計画」（スコットランド、北アイルランド、ウェールズ）や「子どもの保護登録」など、公的子ども保護計画に関係するものでない限り、「安全（safeguarding）」（何からの？）や「子どもの保護（child protection）」という言葉も使いません。

　同じ、または異なる機関に雇用された異なる多職種間の協働の際、私たちは「学際」、または「職種間」という用語を使っていきます。異なった機関に雇用されているが同僚（専門が同じであったり異なった

りする）として専門職が働く場合は、「機関間」を使います。私たち
は第３節でこうした言葉や統合された多分野を検討することとしま
す。付録では、職種間教育や協働実践に関してより突っ込んだ記述を
しています。

復習のための練習問題　1.1

　ウェブや図書館で、子どもや家庭にとって悪い結果になってしまっ
たことに関する報告または新聞記事を２つ探してみてください。ど
んな専門家がその家族を支援しようとしたとされていますか？　加わ
ることが必要だったと思われていたにもかかわらず加わらなかった人
は誰でしょう？　ともに取り組んだか否かに関する記事のなかに示さ
れていますか？　あなたは、なぜ異なった専門職がともに働くことが
できたのか、またはなぜともに働くことができなかったのかについて
想像できますか？

第２節　協働して働く任務

　協働実践を分析し改善するため政府発行の実践ガイドや、学術的な著作
や研究が多く出されています。これらは子ども虐待やネグレクトに関する
責任（子どもの保護や安全と呼ばれます）に焦点を当てています。私たちの
焦点はそれより幅広く、「要支援」児童や家族という言葉で表現しようと
するものについて、次章で詳しく例を挙げて説明していきます。調整され
たサービスが必要な家族に対して、役立つ目的が何であれ1991年以降イ
ングランドで発行された４つの「ともに取り組む（Working Together）」
ガイドが（そして他の英国の管轄区でも発行された類似の文書が）効果的にと
もに取り組むことの重要性を説いています。これは2013年版のガイドで
も再び繰り返されています。

究極的に、効果的な子どもの安全は下記の点により達成される。システムの中心に子どもを位置づけること、そして要支援児童のニーズに対応するため、すべての個人や機関がすべての機能を働かせ、ともに働くことによってである。教師、家庭医、看護師、助産師、保健師、幼児期の専門家、ユースワーカー、警察、救急隊職員、小児科医、ボランティア、コミュニティワーカー、ソーシャルワーカーなど子どもに関わるすべての人が、子どもたちを安全にする責任がある。

　どんな専門家でも単独では子どものニーズや環境の全体像は描けない。もし子どもや家族が適切な支援を適切な時期に提供されるようにするためには、子どもや家庭に関わるすべての人は関係を統合し、情報を共有し、即座の行動をする役割を果たさなければならない。

(Her Majesty's Government, 2013)

　これは子どもの不適切な養育に対応するサービスに焦点を当てているわけですが、一方、異なる専門職との、そして異なる年齢の集団との協働実践が、すべての子どもや家族に、健康の、教育の、余暇の、そしてコミュニティのサービスを最大限保障するためには重要であることが、長年政府のガイダンスや規則でいわれてきました。困難が認識されるとすぐに行われる家庭支援やコーディネイトされた早期支援の必要性は、1989 年児童法の中心部分であり、また子どもの保護のガイド、『ともに取り組む：虐待から子どもを保護するための機関間協働のためのガイド』（Working Together: a guidance to arrangements for interagency co-operation for the protection of children from abuse）でも初版以来、光を当てられ続けています。2013 年版の「子どもの安全のためにともに取り組む」（Working Together to Safeguard Children）（HMG, 2013）では、協調した早期支援の必要性について言及しています。

　子どもや家庭は地方機関の幅広い支援が必要である。子どもと家庭が 2 つ以上の機関（例、教育、保健、住宅供給、警察）から調和した支援を受ける時には、機関間連携のあるアセスメントがされるべきであ

る。こうした共通アセスメント枠組（CAF）を用いるような早期支援のためのアセスメントでは、1989年児童法による法的なアセスメントにより、介入が必要とされるレベルにまでニーズが拡大するのを予防するため、子どもや家族が求めている支援が何であるかを明らかにしなければならない。 　　　　　　　　　　　　　　　　　（HMG, 2013, p.12）

　スコットランドでは「保護」（protection）という用語は、イングランドのように「安全」（safeguarding）という用語に変わっていません。地域子ども保護委員会や地方自治体ソーシャルワーク機関は協働実践の確保のための重要な責任を持っています。しかし、本質的にはとても似ています（スコットランド政府,2014）。マルコム・ヒルたちが編集した本（『子どものサービス——ともに働く』Children's Services: working together, 2012）は、英国全体でのすべてのサービスレベルを通じた子どもの福祉政策や実践、そして要支援児童と家族に支援する様々な専門職全体についてとてもよくカバーされています。
　英国の4つの国のすべては、保健とソーシャルワークの統合に関し適切な提案や政策を持っています。どの国のものがあなたの国にそしてあなたの支援原則に合っているのかよく考えてみてください。2004年にイングランド政府は緑書「Every Child Matters（どの子どもも大切)」を発行しました。これは、すべての子どものために統合されたより良いサービスへの道筋を提案しているとともに、連携情報・方針・良い実践例が書かれています。

　　　我々は子どもたちを我々の政策の中心に置き、彼らのニーズに対応したい。抜本的な改革には組織的な境界を壊すことが必要である。
　　　　　　　　　　　　　　　　　　　　　　（教育技能省, 2004, p.9）

　この助言に続いて、2005年に教育技能省は子どものウェルビーイングを改善するための機関間協働に関し法的なガイドを発行しています。

パートナー同士が、成果に焦点を当てた現場での支援を確かなもの
にするためプロセスと行動の設定をすることが必要である。このこと
は、ニーズを明確にし、全国的にも地域的にも優先性を明確にする総
合的なアプローチが課題であることを意味する。　　（DfES, 2005, p.11）

　この時期は、英国の4つの国のなかでの他の様々な政府文書と同様に、
政策やマネジメントの調整に力が注がれていました。しかし、専門職がと
もに働くための援助はほとんど見られませんでした。ピーター・マーシュ
はこの時期の政府文書への批判のなかで、リーダーシップの重要性を明確
にしています。

　　政策と実践の2つのレベルでの問題に焦点を当てた発展のなかで、
　政府はサービスが挑戦に見合うものになることを目指している。この
　取り組みの目的は、これまでは分離していた専門分野を横断する共通
　の基準で子どもや家庭のための保健とソーシャルケアを提供するため
　である。はっきり分離している専門職に、領域横断的な共通の基準を
　持つ保健とソーシャルワークを提供するためである。サービスは同じ
　ような熱意によって提供され、少なくとも一部は共通の基準によって
　判断される。「子ども・若者・妊娠期サービスに関する全国的なサー
　ビス枠組」の一部である、子どもや若者のための適切なサービスに関
　わるすべてのスタッフ（保健省, 2004, p.15）には、「技能や知識や能力
　の共通のコア部分」が適用される。

　より良い多職種間の協働を一層進めるため、2004年児童法は、子ども
のための各種社会的サービスの責任を保健省から教育技能省に移譲するな
ど国レベルの調整をしています。また地方レベルでは、教育と子どもの社
会的サービスを担当する子どもサービス部局を設置し、子どもサービス
ディレクターによって推進させました。子どもトラスト（Children's trust）
の設立も行い、地方レベルのコーディネイトされたサービスを確実にする
役割を任せました。特に要支援の子どものために、子ども保護委員会が地

方子ども安全理事会（LSCB）に変わり、新たな役割を担うようになりました。

　子ども医療保健王立大学（The Royal College of Paediatrics and Child Health）は、子どもや若者の安全に関する共同の責任についての、地域保健医療サービスの専門職への委任事項や、役割や能力のガイドに関し出版・改訂しています（2014）。困難さを理解し、保健とソーシャルワークサービスとも関連させながらも、地域保健医療サービスにおける家庭医（GP）の役割に注目したものです。最近の報告書では、子どもの保護プロセスの早期の段階から公式な保護の段階までその困難さの程度に応じた地域保健医療チームにおける家庭医の役割の指針を示しています。全国児童虐待防止協会（NSPCC）や家庭医王立大学（Royal College of General Practitioners）は家庭医の役割に関する指針、特に家庭医会議に関するものを出版しています（2011, 2014）。またトンプセットら（Tompsett, et al., 2010）とウッドマンら（Woodman, et al., 2013, 2014）は彼らの調査報告を出版しています。

　機関間や多職種間の業務について書かれているものの多くは、手順書や手続きの役割や効果、特に公的な子どもの保護サービスに関するものとなっています。子どもへの不適切な扱いが疑われた時、理解し、事前評価し、介入する専門家や機関のために書かれた法定ガイダンスである「ともに取り組む（Working Together）」は、緊急戦略会議、そして、子ども保護のはじめの、または振り返りの会議に参加すべきなのは誰か、参加した方がいいのは誰かについての特別な要件についてまとめています。そうした会議の効果や、多様な団体の異なった関係作りにつながる要因分析については、多くのものが毎年発表されています。こうした本に出て来る多くの討議が、地位や境界の問題に関する議論や、会議の議長を務める専門職の役割や技能に焦点化されています。似た問題が、社会的養護サービスを利用している子どものための会議や、家庭外での社会的ケアのための独立検証官（IRO）の役割の場面でも提起されています（5章参照）。

　協働実践は専門職が協働するかどうかの選択に大きく関わっています。専門職としての認識が高いほど、協働を求める指針が示されても取り組ま

なくとも良いと思ってしまう傾向にあるようです。家庭医（GP）たちの子ども保護会議への出席率が低いことがその例となります（David & Ward, 2011 のなかに要約された、Tompsett, et al., 2010 による）。いやいやながら専門職が参加していることで協働の効果に影響を与えている状況では、保護者や若者も一層いやいやながら多職種間会議に参加することになってしまいます。

　政府からの強い声明や詳細な指針にもかかわらず、協働での取り組みに向けた動きは組織的にも日々の実践上もむらがあります（デビッドとワード 2011、子ども保護の多様な局面に関する政府助成調査の要約参照）。死の危険や深刻な危険に直面している子どもたちに関しては、1974 年のマリア・コーウェル調査（HMG, 1974）から新しいものでは 2015 年まで続く深刻事例再検証の継続の結果を見ると、多職種間の貧困なコミュニケーションや、情報交換の問題、そして劣悪なサービス調整に警鐘を鳴らしていることがわかります（Brandon et al., 2008, 2009, 2012, 2014, and Sidebotham, 2012 による要約を参照）。

　　深刻事例再検証からわかる主に繰り返されてきたテーマは、コミュニケーションである。不活発な情報交換のみならず、情報の正確さの欠如や情報の解釈の問題、ワーカー同士の明確な合意の欠如も含まれている。
　　　　　　　　　　　　　　　　　　　　　　　　（Brandon, 2008, p.25）

練習問題 1.2

　早期支援のためのあなたの役割について、ウェブや図書館で政府の指針のコピーを探してください。

　「幼児」（early years）と「早期支援」（early help）の区別は明確ですか？

　子ども、10 代の若者、障害児、精神疾患のある保護者に対する最も関係の深い、政府の声明を確認してみてください。

第3節　協働実践を支えるサービス供給組織

　異なる用語は異なる構造ややり方を示すはずなのにもかかわらず、連携での解決を推進しようとするための政府の熱意が、新しく使われる用語の氾濫を起こしてしまったと、2004年にワーミトンWarmingtonらは示唆しています。特に『どの子どもも大切（Every Child Matters)』の出版で起こった変化の時点に出された政策文書の多くには、保護者や子どものために「連携」した過去の経験を強化するための最良のサービスの提供方法について書かれています。サービス供給を調整する新しい方法を表すために使われる用語がシュア・スタート地域プログラムの評価者によって詳細に調査されています（Tunstill et al., 2006; Tunstill and Blewett, 2009; Siraj-Blacksford et al., 2007)。また「子どもトラスト」の評価の際でも詳細に調査されています（Bachmann et al., 2009)。

　これらは下記のとおりです。

- ・多分野・統合チーム Multidisciplinary or integrated teams
- ・機関間チーム Interagency teams
- ・共同事務所 Co-location
- ・出向または派遣 Attachment or out-posting arrangements
- ・多分野ネットワーク（子どもや家庭の周囲のチーム）Multidisciplinary networks: teams around the child and/or the family

これらの用語はしばしば、不適切に取り換えられて使われています。特別なアレンジが経済や政治的理由で頻繁に行われたことに留意する必要があります。タンスティルTunstillら（2006）や、タンスティルTunstillとブレウェットBlewett（2009）は、シュアスタート・センターで実施された多機関による子ども保護のための様々なアレンジに関してその違いを調査しています。

多分野・統合チームMultidisciplinary or integrated teams

　「多分野」や「学際」、「統合チーム」という言葉は、ともに管理されともに働く、異なる専門的な背景を持つワーカーのグループを指します。一

般に通告のタイプや年齢グループに焦点を当てています。そのいくつかは単一の機関のチームです。例えば、保健サービスにより雇用された精神科医、臨床心理士、看護師、療法士などから成る青少年精神保健サービス（CAMHS）チームのほとんどがこれに当たります。大人の精神保健や依存の専門家のチームがこの分野にはますます増えてきていますし、最近では地域の大人のソーシャルサービス部局から異動したソーシャルワーカーも加わっています。子どものサービス部局では、多分野・一機関のチーム（特別支援教員、ユースワーカー、教育心理職、ソーシャルワーカー、ファミリーサポート・ワーカー、そしてメンターなどの専門家から構成される）が、ホームレスの危険や、ケアの境界やリービングケア状況にいる若者にサービスを提供しています。

　第三セクター（慈善組織 charitable、社会的企業 social enterprise、民間営利企業 private for-profit organisation）によって作られる多分野チームがあります。要支援児童や家族の領域では、これらのほとんどは公的セクターの機関から全部または多くの助成を受けています。例えば、深刻なトラウマのある子どもの特別な専門入所ケアや性的加害者に対する入所治療を行うボランタリーな団体などがその良い例です。いくつかのシュア・スタート・センターも、こうしたボランタリーな組織または社会的企業のグループに数えられます。

　機関間かつ学際的な多分野チーム（統合チームともいわれる）もあります（Anning et al., 2010）。代表的なものが若者司法チームとシュア・スタート子どもセンターです。直近では、いくつかの家族介入プロジェクト（FIP：Family Intervention Projects）や困難家庭チーム（Troubled Families team）[1]がこのグループに入ってきています。彼らは一般的には1つの

1）Troubled Families、すなわち、最も困難な子育て家庭への英国の支援プログラム（Troubled Families Programme）を担う多職種と家族により構成されるチーム。Troubled Families Programmeとは、不適切な育児、虐待、暴力、薬物使用、反社会的行為、犯罪の世代間連鎖を止めるため、子供たちを学校に戻したり、青少年の犯罪や反社会的行動を減らしたり、大人たちを仕事に戻し、こうした家庭のために毎年公共部門から支出する高いコストを削減することをめざしたもの。

サービスまたは機関（一般的には法令上定められているサービス提供の責任が第一義的にあるところ）に管理され責任も負っています。しかし、その他のサービスや機関では、政策や計画や管理の調整を一部担っていたり、また財源への貢献や、統合チームマネージャーによる全部または部分的な管理、あるいはスーパーバイズなどの支援を受ける補助スタッフへの支援などをしているところもあります。

　最も統合されたチームは基盤となる専門性への志向性を持っています。例えば、命が危ない子どもやその家族のニーズに対応するためのチームなどですが、これらは一次保健医療（primary health orientation）への志向性を持つことになります。一方、子どもや若者が援助の対象にならないよう対応するチームは、ソーシャルワークやソーシャルケアの志向性を持っています（Thoburn et al., 2013）。学校から排除された若者のニーズに支援をする統合的チームは基本的に教育に焦点化する傾向にあり、特別支援教育ニーズコーディネイター（SENCO）により導かれています。

　地域にある、または特定の年齢に特化した多分野チームは、潜在的には専門的志向性を持っています。多くのシュア・スタート子どもセンターがこれらの例となります。

機関間チーム Interagency teams

　これらは、多分野チームに類似していますし、その多くは学際連携的なものです。最近組織された多機関安全拠点（MASH：Multiagency Safeguarding Hubs）は、多機関・多職種間チームの例で、そのチームメンバーは元の所属機関により給与が払われ管理されています。しかし、いくつかは単一の専門分野のチームとなっています。例えば、いくつかの近隣ファミリーセンター（neighborhood family centres）は子どもサービス部局とボランタリーな組織により共同で出資され運営されていますが、その従業員は主にソーシャルワーカーやファミリーサポートワーカーであるなどです。一方子ども病院の安全チームは保健サービス（Health service）により管理されていることが多いですが、チームを支えるため地方当局により雇用された保健の専門家やソーシャルワーカーにより構成されています。

政策担当者による素晴らしい取り組みは、専門家たちと家族たちにより全般的に肯定的に評価されていますが、評価者たちはいくつかの問題を挙げ同時にそれを解決する方法を明らかにしています。その傾向をまとめているある報告書は、専門家の役割が曖昧になることと、役割同士の重複（子どもや親たちから期待されることで、子どもや親たちと個人的信頼関係を作り上げた個人から、必要なサービスのほとんどを受けるようになるため）や、専門技術の欠如などについて指摘しています。

これらの著者たちは、時々「スープまたはサラダ」の様なものとして説明しています。チーム全体やクライアントに提供されるサービス（「サラダ」としてのチーム）に対する機関間連携や学際連携の効果は、専門家の知識や技能を持ったそれぞれのチームメンバーによってもたらされているということは一般的に認識されています。しかし、それがぼやけすぎてしまうと、チームは、そのなかに入っている１つひとつの構成物がわからなくなった「スープ」になってしまいます。このことは役割と専門、そして仕事の肩書きの間で起こる混乱を生み出します。例えば、いくつかのファミリーセンターでは、専門に関わりなくすべてのスタッフは子ども家庭ワーカー（child and family worker）または地域精神保健ワーカー（primary mental health worker）と呼ばれています。チームメンバーの一部が資格取得者（例えば看護師、ソーシャルワーカー、プレイセラピスト）で、その他がそうでない場合などに、エリート意識を目立たせないためにこうした形が時々使われることもあります。

役割の曖昧化は、一部のチームメンバーや、特にケースや業務の割り当てを進める上でチームマネージャーにより好まれる形です。しかしこのことは、看護師や保健師、教師、ソーシャルワーカーなどと異なるものとしての子ども家庭ワーカーに、家族メンバーがどんな専門知識を期待することができるかがわからず、混乱してしまう可能性につながります。医師と心理学者がこういうようにその専門性を融合させることはめったに無いでしょう。

専門職的な役割と能力の明確な欠如は、機関間連携や多分野チームのメリットを殺してしまうことになっています。いくつかの非行少年のチーム

で始まっているように、非行少年と取り組むことの熟知度には関係無く、非行少年への支援において特別な専門的技術をサービスに使っていない「非行少年支援者（youth offending practitioners）」たちが、自分たち固有の専門領域の専門知識に支えられている専門家たちより増えてきています。

共同事務所 Co-location

　同じ場所に集まる形態のチームは機関間チームと時々間違われます。この形態のチームは一般的にはそれぞれの特別なサービスに責任を持つワーカーたちによるチームです。しかし同じ建物か近隣の建物に拠点を置き、多職種間の情報交換を促進する他のサービスに容易につながることができます。例えば、食堂や会議室、受付など同じ設備を使います。幅広いサービスが集合事務所化されていて、地域住居供給事務所や地域保健センターなど、スティグマが無くコミュニティメンバーが使いやすい点では最良に見えます。

　共同事務所についての評者たちは、調整や多くの積極性、特にコミュニケーションの改善や固定観念の縮小の点では、ほとんど問題が無いと思っています。しかし、共同事務所方式は、調整の改善のためには必ずしも効果があるとはいえないとする者もいます。「表玄関」や共同事務所化されたサービスにより、子どもや家庭にとっては問題となることもあるのです。

　地域住宅供給事務所やコミュニティセンターなどという共通の玄関の設定をすることで、「子どもの社会的ケア」や「警察」などの名称よりもスティグマがつきまとう可能性は少なくなります。一部の家族や子どもたちは学校内に集合事務所ができるのを歓迎する（また、子どもセンターや学校にとっても効果的です）一方、親たちは、先生に会いに来ている時に子ども虐待の手続きを担当しているソーシャルワーカーにばったり会いたいと思ってはいません。またティーンエイジャーの一部にとって学校は家での問題から逃避できるところなので、ソーシャルワーカーとの約束がある親とばったり会いたくはないのです。

配置または派遣Attachment or out-posting arrangements

　ある1つの機関か、1つの専門職チームに所属している専門的な役割を担った専門職のワーカーが配置された場合（もともとのチームで業務をしますが、特別な時の特別な目的のもとではもう1つの機関のチームで主に業務することも可能）の形態です。「外部派遣」のワーカーは、ある1つの機関や専門のチームのメンバーですが、一時的に他機関を業務の拠点にします。

　これらは、第一義的な雇用主やチームマネージャーに管理され責任があるワーカーたちの出向とは異なります。例えば、地域のチームまたは、障害児チーム、保健サービス子ども発達支援チーム、1つのまたは複数の学校に配置または派遣されるソーシャルワーカーまたは、CAMHSが雇用した地方行政の養子縁組と里親チームに所属している子ども心理職、1つか2つの子どもセンターにまたがって所属している言語聴覚士などです。

　保健師がGPに基本的に配属される一方で、いくつかの専門的サービスはソーシャルサービス部門に配属されたり、または家族と看護師パートナーシップ（FNP）のような多様な形態により管理されたりしています。

　イングランドの子どもの保護に関する全国調査の委員長のアイリーン・ムンロウEileen Munroは、2013年の教育特別委員会（Education Select Committee）での証言のなかで共同事務所について話しています。

　　あなたがあなたの専門技能のなかでより自信を持てば持つほど、医師と会話をするのが困難になるでしょう。唯一の解決策はあなたたちがお互い本当にわかり合うことです。一部の地域では、学校に配置される特別なソーシャルワーカーがいることがあります。このことは彼らが誰に電話をかけ話そうとしているかを、学校の誰もが知っていることを意味します。（下院教育委員会House of Commons Education Committee http://bit.il1CuSCCb）

　こうした取り組みはおおむねうまく行っているし、家庭の状況の悪化を早期に警告できることから「ホーム」チームからも、また焦点化された特別なサービスに移行してしまわないよう調整する地域資源である「配置

先」のチームからも歓迎されています。こうした取り組みに対する批判としては、外部派遣のワーカーが融合されてしまって、外部派遣により達成される利点が無いことなどが派遣元の「ホーム」チームから寄せられています。

多分野ネットワーク（子どもや家族の周囲のチーム）
Multidisciplinary networks: teams around the child and/or the family

多分野チームについての文献が増えてきていますが、要支援児童と家族との協働の取り組みの多くは、子どもや家庭の周囲に作られる職種間や機関間のネットワークによって実施されています。

これらのチームは、特別な子どもや家庭の福祉や保護のニーズをアセスメントしたり発見したりするためともに取り組む、異なる専門や機関から集う専門家により構成されています。このチームの構成メンバーは変わります。特に専門職たちが地域基盤チームで働く場合は、同じ専門職グループが複数の家族の周囲のチームでしばしば協働することになります。

保健サービスのなかでは、一次的保健医療ケアの専門家や、まれにソーシャルワーカーにより構成される家庭医（GP）主導のチームがこの分類に入ります（NSPCC and RCGP, 2013）。子ども保護計画（Child Protection Plan）がある時のコアグループ、もしくは家族ニーズをアセスメントし共通アセスメント枠組（Common Assessment Framework Protocols）に基づく早期支援を提供するためともに取り組む専門職たちのグループは、これらのネットワークの例です。しかし、家族はグループ内の専門職たちのとても大きな力の差を理解していないにもかかわらず、またこのネットワークに所属しているワーカーたちの立場の違いも理解していないにもかかわらず、家族メンバーはしばしばこのネットワークのなかに組み込まれてしまいます（5章のチームリーダーシップと立場の問題を参照）。

協働の取り組みに関する他の形態よりこちらのネットワークに関しての方が（特にコアグループについては）、幅広い調査や知識的基盤があります（Hallet and Birchall, 1992, Thoburn et al., 1995; Bell, 1999; Brandon and Thoburn, 2008; Frost and Robinson, 2007、また5章と6章も参照）。他の形態と少

し異なる点は、これらは対象となる家庭の周囲に一時的に組織される傾向にあることです。また、チームメンバーの多くは他のチームのメンバーとしても同時並行で活動しています。

復習練習問題　1.3

　あなたは、上記のうちどの形態で働いていますか、または働いてきましたか？　その形態での協働の利点と欠点は何ですか？

グループ練習問題　1.4

　あなたが働いている、働いてきた、または働きたい前述した形態について相手に説明してみてください。具体的な例を出して、この協働業務形態の利点と欠点について、そしてその形態のなかで協働業務をどう改善することができるか話してください。

　時間があれば、全体での討議もしてみてください。

第4節　子どもと家庭との協働実践のための多職種間の教育と訓練

　専門職連携教育（IPE）に関する文献の多くは、高等教育（HE）のなかでの資格取得または資格取得後の教育とともに、特に保健と社会的ケアの専門家のための教育に焦点を当てています。重要な資料はCAIPEのウェブサイトと『Journal of Interprofessional Care』です。ニッキー・スタンレイら（1998）もIPEの専門職資格取得レベルについてまとめています。

　1989年児童法は健康と社会的サービスの組織構造にはそれほど触れていない。コミュニティケアにおいて保健と社会的サービスの役割の重複があることが知られるようになる一方で、子どもの保護の領域では、支援のプロセスにどう貢献できるかを明らかにした多様な分野での専門職グループがどんどん増えていっていた。そのため子どもの

保護に関する多職種間学習の明確な特徴は、違いを強調することだった。コミュニティケアにおいては、アセスメント業務やケアプラン、サービス供給や、モニタリングはしばしば共有され、そして完全な協働形態で取り組まれている。それに対して、子どもの保護の分野では、それぞれの職業が取り組む業務の多くは、いまのところその職業毎のグループに特化された形態になっている。

　資格取得レベルに関して、総合ソーシャルケア会議（GSCC：General Social Care Council）の下、他の機関や専門の同僚とともに働く資格水準や知識や技能は、ソーシャルワーク・カリキュラムの必修部分として強調されていました。しかし、ソーシャルワークの学生と保健系の学生との共同学習は一般的ではなく、教育系学生とはなおさらでした。2005年にGSCCは、特に子どもの保護制度のなかでの機関間連携業務に焦点を当てて、その範囲と中身について調査するため、ソーシャルワークや看護領域のメンバーからなるサフォード大学チームに委託しました（Murphy et al., 2006）。この重要な論文を担当した著者［Murphyら］は、学際学習や、学際実践の標準を作ることを提案しています。また、異なる専門家が一緒に学び、互いに学び、そして効果的な取り組みを学ぶ場の必要性について特に重視しています。

　　　共有する学際学習と単一の専門学習のバランスを取ることは困難です。一般的に、共有する学習の要素が極めて重要であると我々は信じています。　　　　　　　　　　　　　　　　　　　　（前掲書 p.147）

　ほぼ同時に、GSCC自身も、教員や看護師や助産師の管理統制団体と協力して「子どもや若者の支援のための専門家間の価値についての合同声明」を発表しています（General Teaching Council for England, General Social Care Council, and Nursing & Midwifery Council, 2007）。
　いくつかの大学のソーシャルワーク学科は、子どもの保護業務に関して、社会・法律的ケースワーク、養子縁組や里親養護、そしてより全般的な子

どもと家庭のソーシャルワークなどに特別に焦点を当てた修士レベルの学習ユニット（そのいくつかは多分野グループのためのもの）を開発しています。GSCCのガイドライン（いまや公的要請からではなく、「ソーシャルワーク専門能力枠組」に所在している大学では組み込まれています）は、そのカリキュラムに協働業務を位置づけています（Thomas and Baron, 2012）。地方レベルでは、イーストアングリア大学多職種間実践センターのワトキンWatkinら（2009）が、子どもの保護に常に関わる一次・二次予防領域の保健系の専門家、ソーシャルワーカー、教師、警察官のための学習プログラムについて記述し評価しています。彼らは、こうしたプログラムは、「チームとしてどのように取り組んだかについての認識に関して、積極的な成果があった」と結論づけていますが、次のようにもいっています。

> この研究から明らかになったことは、本当のサービスユーザーの利益のために、根深い文化的違いや効果的な機関間連携への障害を乗り越えることには、より多くの支援と時間が必要だということだ。
>
> （前掲書 p.164）

しかしながら、子どもや家庭との協働実践のために行われる学習のほとんどが、地方子ども安全委員会（LSCB）や子ども保護委員会の援助の下で提供される、業務ベースの訓練の形態を取るようになっています。子どもの保護に関するトレーナー（独立していたり大きな任意団体にいる）の多くは、教材を開発していますが、それは主に短期コースで活用され、あまり評価される機会も無く、そして訓練の時以外は広範には活用されていません。LSCBの主要な責務の1つは、虐待やネグレクトの危険に遭遇しているであろう複雑環境下にいる子どもたちについて通告したり、サービスを供給したりするすべての専門家に対し、協働して取り組むための訓練機会を提供することです。

> LSCBは、「子どもを支援する、または子どもの安全と福祉に影響を与えるサービスを担当する人の訓練」のモニタリングの責任を負っ

ています。そして深刻事例再検証から学ぶことを重視しています。

(HMG, 2013, p.60)

　何が機能し、何が良い実践を促進したのかを明らかにする機会を提供するためには、子どもの安全や福祉の増進のために取り組む組織全体での継続的学習と改善の文化が必要になります。　　　（前掲書 p.66）

　子どもサービスにおける協働実践のための調査や出版物、そして教育や訓練への資金提供に対する政府の関心は段階的に低下してきています。1989 年児童法のころ保健省は、立法により想定された参加型のアプローチのためスタッフの準備をしていました。続く章で、この時代の 2 つの出版物について記述します。そのどちらもが子どもの保護に特に焦点を当てています。オリーブ・スティーブンソン Olive Stevenson（マリア・コーウェル事件報告書の著者の 1 人）とマリアン・チャールズ Marian Charles は、1986 年に子どもの保護に関して多職種間連携業務のための訓練素材の開発を委任されました。その成果としての出版物『多分野は多様──ともに取り組む子どもの保護』（Multidisciplinary is Different: Child Protection Working Together）は、2 つの部分から成っています。1 つは「学習と訓練の過程」、もう 1 つは「見通しの共有」（Stevenson and Charles, 1990）です。

　このころ、つまり保健省が子ども保護会議に家族や年長児童を参加させるためのガイドラインを発表したころ、同省は家族メンバーの参加実践（加えて子ども保護会議に参加する専門家たちの範囲についての考え方）の調査に資金提供をしています（Thoburn et al., 1995）。保健省は、すべての地方自治体の社会的サービス部局に送られた読本と訓練パック（「実践における参加──子どもの保護に家族を巻き込む」（Participation in Practice: involving families in child protection）（1992））についても予算化しています（Thoburn, 1992）。その後の出版物の内容からもう一度見直してみると、これらは子どもや家庭のケースに対し協働した取り組みのための鍵となる問題や学習ポイントを明らかにしている点で、時の試練に耐えてきたことがわか

ります。

　子どものサービスのなかにおける取り組みのための専門家相互の学習に関しての政府の第二の波は『どの子どもも大切（Every Child Matters）』の改定や2004年児童法が制定された、2000年代のはじめのころでした。この時の関心は、早期介入ならびに、機関間連携過程により強く焦点を当てた統合された子どもサービスの導入という政府の目標に、より強く向けられていました。高等教育機関が統合された子どもサービス（2004年児童法により想定されているもの）に加わるため、どれくらい専門や機関を越えてワーカーを準備しているかに関する文献研究や調査に、高等教育協会（Higher Education Academy）は予算をつけています（Taylor et al., 2007）。最終報告では、適切な書籍や訓練機会が少ないことについてコメントがされています。使えるもののほとんどは、継続教育や基礎学位水準のもので、専門的な資格や専門の継続教育プログラムに関してというより、サポートワーカーに関することを目的としたものとなっていました。

　　「多職種間」と「統合された」という2つの用語は、ICS-HE（integrated children's services in higher education）のスケジュールに混乱をもたらす危険があります。（公式ガイダンスによる）「統合」の定義は実践についてであって、教育についてでありませんでした。「統合」は、この基本を基にその時プログラムをデザインした高等教育機関（higher education institution）によって様々に解釈されています（p.23）。

筆者たちは次のようにコメントしています。

　　期待されている統合された子どもサービスに関わるワーカーのためのIPEを一層発展させる上での障害は、「専門家のための管理統制機関が、すでにプログラムを改善するための必要条件を現時点で発表していて、それが統合的な業務を遂行するための単一の専門職の水準を設定するものである」ことです。　　　　　　　　　　　　（前掲書 p.28）

　子どもの保護の状況下で危険や不確実なことを扱う専門的判断の重

要性から考えると、訓練が最も中心に考えられなくてはならないということになります。多機関によるトレーニングが、共通理解への気づきや、良い協力関係での養子縁組のための最も大切な要素です。これらは効果的な子ども保護のためには不可欠なものです。子どもの保護委員会はこうした訓練の開発や供給を支援するための良い場となります。個別機関と多機関による訓練は、実際の虐待ケースや予防や回復のためのプログラムなどでの効果的な多分野にまたがる業務を支える上で中心的な技能を高めることができます。子ども保護委員会は地域主導の訓練の出前や評価の仕組みを確立しなければいけません。

(前掲書 p.146)

　個々の機関は、その機関の職員が、子どもの安全や福祉増進の責任を全うするための能力や自信を持っていることを明確にする責務があります。子ども保護委員会は訓練プログラムを開発しなければいけません。これらは、すでに個々の機関が実施している業務に基づいて補足するものです。また各機関が関与するスタッフのなかでの多機関間の訓練をするためのニーズを含むことができるものでもあります。

(前掲書 p.147)

　2008年子どもと若者法の制定に続き、最近、政府の関心が統合的サービス供給の重要性に再び戻ってきています。この場合、焦点は里親等への非措置児童と若者そして非行少年に当てられています。学校、保健サービス、警察、少年司法サービス、Cafcass（子ども家庭裁判所助言・支援サービス Children and Family Court Advisory and Support Service guardians）保護官、子どもの事務弁護士（children's solicitor）、一般人の調停委員との協働実践を確かなものにするために独立検証官がどう動かなければならないかが詳細に書かれた案内があります（DfE, 2010）。

　スコットランド、北アイルランド、ウェールズの子ども保護委員会も多職種間訓練を供給し、評価するよう求められています。スコットランドでは、要保護児童のための特別センター（the Centre for Excellence for Looked after Children）は『We Can and Must Do Better 訓練教材』改訂版を発行

しました。この素材はもともと DVD-ROM で 2008 年に発行された素材に基づき、最近の研究やスコットランドの政策や実践を反映しています。この素材は「We Can and Must Do Better」ウェブサイト（www.wecanand mustdobetter.org/）にありオンラインで使うことができます。

復習練習問題　1.5

　どんな方法でこのハンドブックを使おうと思っていますか？　このハンドブックを仕事で活用できる場所であなたが持っている専門的価値、知識、技能は何ですか？

グループ練習問題　1.6（もしあなたが 1 人なら復習的な練習問題）

　自分自身のこれまでの、他の専門職について「学んだ」経験や、他の専門職と「ともに学んだ」経験、そして他の専門職と「どう協働して取り組むか」を学んだ経験を相手に話してみてください。

　子どもや家庭の仕事であなたが出会うであろう他の専門職についてまず「知る」ため、多専門職グループのなかで「ともに学ぶ」ため、あなたの協働実践に関する知識を改善させるため、あなたの協働して取り組む技能あるいは多分野のチームやネットワークを率いる技能を向上させるため、今の役割や過去の学習経験を踏まえてこの本をどう使っていきますか？

協働実践と専門職連携教育の重要文献

Anning, A., Cottrell, D., Frost, N., Green, J. and Robinson, M. (2010) *Developing Multi-Professional Teamwork for Integrated Children's Services*, 2nd ed. Maidenhead: McGraw-Hill Educational.

Cheminais, R. (2009) *Effective Multi-agency Partnerships: putting every child matters into practice*. London: Sage [From teaching/schools perspective, role of SENCOs].

Foley, P. and Rixon, A. (eds). (2014) *Changing Children's Services: working and learning together*. 2nd ed. Bristol: Policy Press.

Frost, N. (2013) Children in need, looked-after children and interprofessional working. In: Littlechild, B. and Smith, R. (eds) *A Handbook for Interprofessional Practice in the Human*

Services. Harlow: Pearson.

Hill, M., Head, G., Lockyer, A., Read, B. and Taylor, R. (eds) (2012) *Children's Services: working together*. Harlow: Pearson.

Littlechild, B. and Smith, R. (eds) (2013) *Handbook for Interprofessional Practice in the Human Services*. London: Pearson.

Murphy, M., Shardlow, S., Davis C., Race, D, Johnson, M. and Long, T. (2006) Standards – a new baseline for interagency training and education to safeguard children? *Child Abuse Review*. 15: 138–51.

Royal College of Paediatrics and Child Health (2014) *Safeguarding Children and Young People: roles and competences for health care staff: Intercollegiate Document*. 3rd ed. London: RCPCH.

Smith, R. (2013) Working together: why it's important and why it's difficult. In: Littlechild, B. and Smith, R. (eds) *A Handbook for Interprofessional Practice in the Human Services*. Harlow: Pearson.

Watkin, A., Lindqvist, S., Black, J. and Watts, F. (2009) Report on the Implementation and Evaluation of an Interprofessional Learning Programme for Inter-agency Child Protection Teams. *Child Abuse Review*. 18: 151–67.

2 追加的な支援や保護サービスを 最も必要とする子どもや家庭は誰か？

要　約

この章では、複雑なニーズを担当する様々な専門家や機関からの幅広い
サービスを（少なくとも時々、またはその生活のなかの一部で）必要とし
ているような家族のなかにいる、子どもや大人の特徴について詳細に説明
します。7つの事例で、異なるニーズを持つ異なる年齢の子どもたちの問
題を描いています。これらは今後、本書を通して探求する問題を具体的に
理解するために、そして個人やグループの練習問題の材料として使ってい
きます。

第1節　導入

　ほとんどの国は、様々な不幸な出来事に苦しめられる危険のある子ども
や家庭のための、特別な保護や援助について規定する法律を持っており、
これらは一般に、国連子どもの権利条約の要求事項に基づいています。本
書のなかで参考としている一般原則は、子どもの福祉システムがある他の
国でも使えるものですが、我々が紹介する子どもやサービスに関する事例
は英国の実践から作られたものです。イングランドとウェールズでは、
「重点化」された、または「第三層」〔複雑で深刻なニーズを持つ層〕と「第
四層」〔里親や児童養護施設等に措置が必要な児童。ともにp.7図2参照〕の
サービスの開始方法は、1989年児童法第17節に明記されています。
　スコットランドでの類似の規定は1995年児童スコットランド法であり、
北アイルランドでは1995年北アイルランドの児童命令です。これらは、
子どもに支援が必要かどうかのアセスメント（一般的には地方当局子ども
サービス部局や北アイルランド保健・社会サービス理事会のソーシャルワー

カーによる）をすることを求めています。なぜなら、保健や教育サービスなどのすべての子どもが利用できるサービスに付加する形でのサービス供給無しには、達成したり、達成するための機会や健康と発達の合理的水準が得られなかったりすると思われるからです。精神、身体、認知的な障害のある子どもは、「要保護児童」（children in need）と見なされますが、「障害」の定義は狭義のものになっています。

　資金であれ熟練のスタッフであれ資源はほとんどの国のなかで分散しているので、地方当局は、追加的な社会的ケアが得られないため健康や発達が深刻に損なわれている、または損なわれようとしている人々、あるいは親としての責任のある大人による虐待やネグレクトの結果として、深刻な危害に苦しめられ、または苦しんでいると疑わざるを得ないような、地方当局が法律上の役割を果たして介入することが必要な環境にある人々のみにサービスを供給するように優先しなくてはならないのです。NSPCCウェブサイトにあるファクトシート（Fact Sheets）やヒルらの著作（Hill et al., 2012）の導入部分の章は、英国の4つの国における子ども家庭の法令やガイダンスに関し役に立つ資料となっています。

　これらの普遍的サービスに追加して提供される追加的サービス（additional services）を受けられる基準に合うと子どもが一度アセスメントされると、子どもサービスやソーシャルワーク部局、第3セクター（非営利または営利）、保健パートナー、そしてその他の中央政府や地方政府の機関によってサービスが提供されます。しかし、地域ベースの普遍的サービスを上回るサービスに対し資金供給をしてサービスの質を確かなものにし、それらがよく調整されることを率先して保証することは、子どもの地方当局、または（北アイルランドでは）保健と社会的ケアトラストの責務となります（要保護児童（children in need）かそれとも深刻な危害にさらされている子どもかどうか判断する場面、そして子ども個人やその家族や保護者への適切なサービスの供給の義務を果たす場面での地方当局を支援する他の機関の責務については、第1章と第3章を参照）。

　保健系の専門家、教員、ユースワーカー、警察や地域公安官、信者団体、地方事務弁護士、相談機関すべてに、これらの追加的サービスが必要と思

われる子どもたちを認識、発見する重要な役割があります。そして、ソーシャルワーカーが、子どものニーズや親たち自身のニーズをアセスメントできるようにするため、彼らの詳細情報を提供することについて親たちに了解してもらわなければなりません。必要な時は、地域のまたは特別な専門家は、子どもが深刻な危害にさらされていることを当局に通告しなければなりません（さらに親や兄姉の了解が必要です。または大人や子どもを危険な状態にしないのなら、彼らにはこのことは事件であることやその理由を知らせることも必要です）（懸念していることについて通告する責任と守秘義務の尊重の責任の相互の影響に関する議論は第4章参照）。

　いくつかの専門家は、複雑なニーズを持っているとアセスメントされた子どもへの追加的で調整されたサービスを提供するチームの一員として活動していることから、彼らの業務のなかでは小さな部分でしか関わらないことになります（例：学級担任）。しかし、このことは、家族のストレスが高い社会的に恵まれない地域のなかで仕事をしているかどうかでより大きく変化します。なお、専門警察官（specialist police）、保健師、特別支援教師、コンサルタント地域小児科医（consultant community paediatricians）たちは、要支援の子どもや家庭のニーズに協働して当たることに多くの時間を費やしています。

第2節　追加的なサービスが最も必要とされるのは　　どんな子どもや家庭か？

　要支援家庭についての知識基盤のなかには巨大なギャップが残っている一方、複数の問題により影響を受けている人たちが経験する累積した危害に関するエビデンスについては確固とした基盤があります。事実、指数的に、特に家族のなかで子どもがさらされる危険要因が多ければ多いほど、より長く身体的心理的に悪い健康状況になるということがわかっています。こうした問題は、虐待やネグレクト、家庭内虐待、親の精神疾患、または薬物乱用、犯罪行為、そしてその他の社会情緒的（socio-emotional）に有

害な環境にいる人などによる不適切な養育と関係しています。こうした状況は貧困や頻繁な引っ越しや立ち退きにより悪化させられます。段階的に累積的にこうした問題は、子どもや若者に影響を与え、彼らや家族を傷つけ否定的な結果を引き起こしています。

　すべての年齢の子どもたちは誰でも、追加的なサービスが必要になる可能性があります。そして事実、家庭外でのケアを受けている子どもや障害児など、最も支援が必要な子どもたちにとって、こうした追加的サービスは成人期につながる特別なサービスを必要とする青年期へも続いていきます。親自身が18歳未満で、彼らだけでなく彼らの子どももアセスメントされ、ともに要保護児童（children in need）となることも一部のケースでは起こります。すべての年齢の、すべての種類の障害児は、不適切な養育や親による不適切な子育てを受ける危険度が増す可能性があります。たとえ現在は（養子や里子として）酷い環境にいなかったとしても、（親の養育の間違いか否かは問わず）トラウマや虐待にさらされ深刻で継続的なネグレクト状態にいたことのある子どもたちは、危険度が増します。一方で、一部の障害児や親の養育をあまり受けていない子どもたちのなかには、跳ね返す性格上の強さ（リジリアンス）を持っていたり、トラウマを経験する前の良い環境からの影響を受けていたりする場合（一部の親を伴わない難民の子どもはこのカテゴリーに入ります）もあります。こうしたリジリアンスに関する確固たる知識面での蓄積があります。その良い出発点としてはロビー・ギリガンRobbie Gilligan（2000）の著作があります。

　BOX2.1と2.2は、危険度が高い子どもの特徴のリストと、追加的なサービス無しで子どもたちのニーズに対応しようとする親の特徴のリストです。

BOX2.1　追加的な社会的ケアサービスが必要と考えられる
子どものグループ

・未熟児または薬物中毒で養育困難

・特に親が自尊感情が無く、障害があることで親たちが「育てがい

が無い」または「育てにくい」と思ってしまう子ども
・排除対象になった家庭の子ども
・長期間の、見逃されてきたネグレクトで傷つけられたティーンエイジャー
・危険を引き起こす行為に関わる年長児童
・社会的ケアや代替的家庭から家庭に帰って来た、以前に不適切な養育を受けていた子ども
・施設ケアや保護施設の子どもたち

BOX2.2　追加的支援やその子どもに保護サービスが必要と思われる親の特徴

・子どものころ虐待やネグレクトを受けていた、または不安定なケアを受けていた
・精神疾患または、パーソナリティ障害
・強迫性または、高度制御性パーソナリティ障害
・アルコールや薬物の乱用
・家庭内暴力をしている／受けている
・離別の後の前パートナーとの紛争を解決できていない
・国の介入への過度の困惑（亡命申請者や不十分な支援を受けていた元施設入所者の場合が良い例）
・コミュニケーションに様々な困難がある。言語や法律やサービスなどの知識が乏しい近年の移民なども含まれる
・社会的孤立または、身内や友人からの支援の欠如
・低収入、借金、ホームレス、または貧弱な家に住んでいる

　そして、我々は子どもたちの傷つきやすさを促進する環境要因も見ておかなければなりません。親個人の、また親同士や子どもとの関係から来るストレスを解決するためには、あまりにお金が足りないことがあります。

図 2.1 共通アセスメント枠組

(Department for Education and Skills, 2005)

　質が悪く不安定な住居に住むこと、またはさらなる子どもへの危害につながる環境(例えば、性犯罪者が住む傾向がある地域や、町の暴力団が問題を起こしたりする地域、または子どもを食い物にする大人に狙われている児童養護施設に措置すること)は、脆弱さを一層増すことになります。親が脆弱でその子どもも追加的サービスが必要になる可能性がある場合、子どもと家族は専門家のサービスを最も必要とします。

　子どもが深刻な危害にさらされているかもしれない心配があるのなら、家族メンバーはなるべくサービスを受けるよう決意することができるように支援されるべきです。しかし、一部の家庭は接触困難であったり、つながるのが困難な家庭であったり、その他の家庭では援助を求めるもののサービスを利用しないこともあります(時々、「誤った迎合」と呼ばれます)(Thoburn, 2009)。地域の専門職たちは、サービスにつながらない家族の悩みを傾聴すること、そしてソーシャルワーカーに家族が心配していること

に気づかせるため特に重要な役割を担っています。その心配とは、家族が子育てをするのが困難だと認めると、彼らの子どもたちが措置されてしまうことがよく起きているということです。ダニエル、テイラー、スコット（Daniel, Taylor, Scott, 2011）は、問題は家族にあるというよりむしろ、家族が使いにくいサービス自体にあることを指摘しています。

「アセスメント枠組」（The Assessment Framework）は、子どもに追加的ニーズがあると思われる時、イングランドの専門家たちが意思決定するためのエビデンスに基づく道具（図2.1）です。それは調整された機関間連携での早期の援助サービスを促進するための「共通アセスメント枠組」（Common Assessment Framework）の一部である実践ツールとなっています（6章参照）。

第3節　どんな追加的なサービスが必要とされるのか？

「ともに取り組む（Working Together）」や北アイルランドやスコットランド、ウェールズでの類似の政府の手引は、明確になったニーズに対する適切なサービスは、家族が望めばすぐに暫定的に提供されるべきであることを明確に示しています。供給される不可欠なサービスの要素は以下になります。

- ケースに責任を持つソーシャルワーカーによるアセスメント（イングランドでは「コアアセスメント」と呼ばれます）
- キーワーカー（常にではありませんが多くの場合ソーシャルワーカーです）による気持ちを理解した援助関係の提供
- 一般的に利用可能な健康、教育、地域の安全、住居を持つことへの支援、収入維持サービスなどが、専門家のサービスとともに注意深く組み立てられたことを確認するための家族の周囲の多分野チームの調整

これは、とても広範囲のサービスが適切であることを示しています。こうしたサービスはアセスメントされたニーズのみならず家族メンバーの環境や期待にも責任を持つこととなります。できる限りサービスは、家族メンバーとのパートナーシップにより決められ、供給されるべきです。（虐待やネグレクトが疑われる早期のケースではほとんど起こりませんが）たとえサービス供給が不可能であっても、可能な限り十分な参加が保障されたなかで家族メンバーは、何がなぜ起こっているのかについて説明を受けられるようにすべきです。援助のための特別なアプローチについては、次の章で議論しますが、次のようなものが含まれます。

　　・実践的な助力、調停、代弁（住居の保有、財政的な問題や借金の整理、
　　　近隣の問題、就職活動などの場面で）
　　・情緒的支援（専門職から、もしくは地域のグループとのつながりを作る
　　　ことを通しての支援や家族メンバーとの壊れた関係の修復）
　　・適切な健康維持や親や子どもの専門家による教育へアクセスする上
　　　での助力
　　・子育て能力の改善の援助
　　・精神的な健康上の問題や依存、トラウマ、関係上の問題を持つ親や
　　　子どものためのカウンセリングや治療

　「ケアのパッケージ（packages of care）」という用語は時々、明確になったニーズ充足のために要支援児童や家庭の周囲に集められなければならないサービスを表現するため使われています。これは「すべてに合うサイズ（one size fit all）」ということではありません。特に、家族が過去において関係を持つことが困難であった時には、段階的なアプローチがしばしば必要となります。このことはしばしばストレスを増すことになる実践上の問題の発生を意味します。子どもや脆弱な大人たちの安全や健康の低下という緊急の心配事があるなら、支援の早期の段階から対応していかなければなりません。援助や法定の介入を提供しなければならなくなるような状況を改善するため援助したいと専門職たちが本当に思っていることを子ども

や家族が確信したなら、子育てクラスや、専門家の治療的・行動的な介入には後から参加できるようになりますし、専門家たちが参加することを家族メンバーがもっと受け入れられるようになります。イングランドとウェールズの法律は子どもの福祉は最高に配慮されなければならないばかりでなく、サービスも子どもの福祉を保障し増進させるため家族のどのメンバーにも供給することができるのだと明確に表明しています。

　以下は追加的サービスの必要がある子どものいくつかの事例です。これらは、今後の章や練習問題のなかで追加的な詳細説明をつけて改めて紹介していきます。

第4節　事例

事例1　ケビン・アーチャーとブライアン・アーチャー

　ケビンとブライアン（4歳と18か月）は、ジーンとビリー・アーチャー（現在22歳と37歳）の子どもである。ジーンは神経線維腫症（神経に沿って増える腫瘍を引き起こす遺伝病の一種）で、それに伴う学習障害もある。彼女は子どものころ特別支援学校に通っていた。ビリーはジーンを守り、子育ての多くの部分を担っている。しかし、彼はストレスを受けると、ジーンや専門職に対し言葉による攻撃をすることがある。ケビンはこの病気を引き継ぎ、発達面は遅れている。ブライアンは明確な診断をするにはまだ小さい年齢である。しかし、彼は発達面で遅れている状況にある。ビリーはトラックの運転手という正規雇用の仕事を持っていたがケビンが生まれた時やめている。彼は、雇用保険給付を受けていて、家賃は住宅供給協会に直接支払われている。しかし、家族は暖房費の請求やその他の借金と闘っている状況である。家は散らかっていて、汚れた部屋が時々健康を脅かしている。

事例2　ネイサンとサラ・ライダー

　ネイサンとサラ（11歳と6歳）は、マーゴットとスティーブの子ど

もである。スティーブは会計士で、マーゴットは教師（ネイサンが生まれてからは仕事に戻っていない）である。彼女は産後うつである。マーゴットは6か月前、家庭内暴力を警察に通報し、（スティーブに話すこと無く）彼女は女性支援訪問サービスのカウンセリングを受けている。彼女によれば、ネイサンが6か月の時から、スティーブは周期的に身体的虐待を続けているが子どもたちとは良い関係で、彼女は別れたくないとのことだった。しかし、子どもたちに目撃された最近の暴力が発生した後、警察に連絡を取り避難している。ネイサンは常に多動の傾向があるが、サラに対し攻撃的になってきている。マーゴットは、スティーブと別れて生活することができるようになるまで、子どもサービスに対しネイサンに無償の宿泊施設を提供してくれるよう依頼していた。現在彼は避難先からあまり遠くない里親家庭にいる。ネイサンとサラは、スーパーバイズされた面会交流センターでスティーブに会った。ネイサンは父親に会いたいか否かについて複雑な思いを持っており、時々面会を拒否した。スティーブは子どもとの確実な面会を求めて裁判所に申請をしている。

事例3　マリー・レロイ

　マリーの父と継母、パトリスとリセ・レロイは西アフリカ系の黒人である。パトリスはコートジボワール政府の上級職員だったが、政変があり脅かされていた。そして家族は、マリーが子どものソーシャルサービスに紹介される前12か月間、ロンドンで亡命を申請していた。彼らは一時的な住居を与えられていた。パトリスは英語もフランス語も使えるが、リセと子どもたちはフランス語しか話せないので、現在英語を学んでいる。この家族には5人の子どもたちがいる。パトリスとリセの間に生まれた4人の子どもたちは6歳から12か月で、マリーは10歳でパトリスと最初の妻との子どもである。その妻はマリーが3歳の時に亡くなっている。英国に来る前、マリーは主に母方の祖母と暮らしていた。彼らが英国に着いて以来、マリーは祖母に会いたいと言い、祖母のことを心配してふさぎ込むようになった。彼

女の継母によると、彼女は無作法で、聞き分けが無く、彼女の父親は娘の側に立つか、妻を支援するかで悩んでいたという。彼女がおねしょをするようになったことから、彼はGPに診察してもらっている。教師は孤立し良く泣くマリーのことを心配していた。打撲あとのある目で学校に登校した時、彼女は教師に継母が彼女を殴り、家に帰るのが怖いと話した。このケースは子どもサービスやソーシャルワーカーにつなげられた。ソーシャルワーカーは学校でマリーと話し、またマリーが学校から家に安全に帰ることができるのかを見極めるため親を訪れていた。父親は、ひどく気落ちし、当局が来たことを恥ずかしく思っていた。

事例4 ウェイン・モートン

　ウェインは2歳で、ティナ・モートンとクレイグ・ジョーンズ（ウェインが生まれた時それぞれ19歳と20歳）の子どもである。両親は10代の時からヘロイン中毒になっていた。ティナがウェインを妊娠した時、彼らは治療プログラムに参加し、薬物依存から脱却するため熱心に努力をした。クレイグはカリビアンと中西部の白人の2つの系統の由来である。彼は10歳から16歳（児童養護施設を出て、ティナと彼女の母親でひとり親のサリーと住むようになった時）までは保護登録されていた。サリーはクレイグがティナに薬物を勧めたことを怒っていたが、ウェインが生まれてティナとクレイグが賃貸アパートに引っ越してから支援的である。しかし、サリーは2人が薬物を再び始めたことを発見して、子どもサービスに通報した。彼女は、両親はウェインを愛していて、子どもに危害を加えることはないと思っているが、彼らが息子をネグレクトしているかもしれないと心配している。その前の週に、保健師はその家庭の酷い環境（不潔で、ウェインはベビーカーに長い間結びつけられている）について心配していた。ティナも、家賃を滞納していて、追い出される恐れがあると母親（サリー）に話している。

事例5　ピート・ディクソン

　ピートの母親はマルシアで、ピートが生まれた時は17歳。彼女は反抗的なティーンエイジャーだった。しばしば外泊したり、無断欠席したりしていた。彼女は誰がピートの父親か言うのを拒否していた。しかし、彼女は妊娠したことを喜んで、タバコを止めアドバイスに従った。マルシアとピートは母方の祖母のところに6か月住み、ピートは適切な子育てをされていた。しかし、マルシアは彼女の以前の友達と会い、クラブ通いや飲酒をするようになった。母親との口論の後、彼女はピートを連れて新しいボーイフレンド、ダレン・ワトソンの寝室兼居間で暮らすようになった。マルシアは再び妊娠し、ピートにとっての家庭の環境は悪化し、GPや保健師や助産師が懸念する状態だった。マルシアは彼女の母親に、ダレンは時々彼女を殴るが「殴られた以上に殴り返す」、そしてまだ彼を愛していると話していた。保健師からの子どもサービスへの連絡により、ピートは妊娠の最終段階までの間彼女の母親に一時的に面倒を見てもらうこととなった。2人目の子ドラは合併症のある未熟児として生まれた。そして集中的なケアを受けた。ピートの養育が不適切になり、不適切なベビーシッターに預けられていることが懸念されること、そしてドラが特別な子育て能力を必要とする特別なニーズを持っていることにより、地方当局は2人の子どもたちを里親家庭に入れるよう提案した（1989年児童法第20章に基づき）。マルシアとダレンは自分たちが2人の子どもを養育することはできると主張し、子どもたちを彼らの下に返すよう求めたので地方当局はケア手続きを開始した。当面のケア命令が作成され、一層のアセスメントを行うため、子どもたちは里親家庭にともに措置された。

　ケア手続きの間、マルシアは再び妊娠しティナを出産した。ティナは「機嫌のいい子」とされた。出産前のアセスメントでは、両親は妊娠期間中とても協力し合っていたとされていた。そしてより適切な住居に入るべきだとも指摘されていた。また、子育て学級への熱心な参加のみならず、里親のところにいるピートとドラへの定期的に面会に

も来ていたとされた。しかし、裁判所はピートがネグレクトされていたことがわかっていたので、ティナが生まれると同時に子ども保護会議が開かれ、ティナは子ども保護計画（CPP）の対象となった。ただ、両親の元に戻すものの、適切に養育されているかどうかをコアグループによって、またGPや保健師などと密接に関わるキーワーカーとしての地方当局のソーシャルワーカーによって見守られることになった。手続きの事前の会議（ダレンやマルシア、そして彼らの事務弁護士が参加する）で、養育申請かスーパービジョン命令のどちらが必要かが検討された。しかし両親はCPPの要請に従うことが決定された。

　マルシアは子どもセンターの子育てグループへの参加を継続し、ダレンは怒りのコントロールクラスに通った。ティナが9か月になり、適切な発達が確保されていると見られれば、現在3歳のピートと18か月のドラが両親の元に戻るべきであると合意されている。しかしこの移行期間中ケア命令は継続することとなっている。

事例6　ダミアン・シンプソン

　ダミアンは16歳で、両親と13歳と6歳の妹、ティナとフィービーと一緒に南部の州の裕福な地域に住んでいる。彼の父ポールは技術者で、母マーサは教師である。軽いアスペルガーと診断され、6歳の時にはADHDとも診断されている。彼は特別支援教育のニーズの通知をもらっているため、追加的支援を受けることができる地域の学校に通っている。彼の6歳の妹フィービーは学校で困ったことになっていた。なぜなら、彼女は社交的で学校生活を楽しんでいたのだが、現在では泣き虫で、引っ込み思案で、自慰行為をするように変わってしまっていた。担任は、学校看護師に何か健康上の問題があるかどうか見てほしいと頼み、フィービーは、ダミアンがセックスをすることを彼女に強要していることを話した。

　主任教師は子どもサービスに連絡し、緊急戦略会議が開かれ、子どもの保護会議を開きダミアンとフィービーの保護計画を検討することとなった。連絡された時両親はショックを受けていたが、ダミアンが

祖母のところで住むことと妹たちだけでいさせないことに同意した。緊急戦略会議では、両親の支援ニーズへの理解があることから、フィービーに関する子ども保護会議を開催することは不要であるが、要保護児童のためのサービスが提供されるべきだと決定された。

《練習問題 2.1》（グループか個人で）

以上のなかから 2 つの事例を選んでください（1 つは年長のもの、1 つは 5 歳以下のものを含むように）。BOX2.1 と 2.2 の特徴点のリストを使えば、子どもにとっての要支援となった要因が明確になります。

選択したそれぞれの家族のために、あなたは、子どもたちが短期的介入（6 か月未満）でよくなるのか、長期的介入が必要なのか見極め（または、あなたのグループのなかで討議し）てみてください。

選択したこれらの事例は支援を届けることが困難、または支援が困難な家族で、そして高水準の専門職や機関の協働が必要だと思いますか？

将来、両親は支援機関の提案を受け入れてくれるでしょうか？「強制的な」行為（公的子ども保護計画や司法などによる）が必要となるのでしょうか？

事例 7　バートンとグリーンの家族

《練習問題 2.2》　より詳細な事例の要約を読んでください

ベンとトム・バートン（8 歳と 7 歳）と彼らの双子の異父妹ケリーとキリー・グリーン（2 歳）はその母親リサ・グリーンと住んでいる。リサはスコットランド系白人で、ミッドランド（イングランドの中部地域）の荒廃した町で民間の賃貸住宅に住んでいる。リサは彼女の母親が 16 歳の時生まれた。彼女の父親はわかっていない。彼女は祖母と母親と一緒に住んでいたが、彼女が 8 歳の時彼女の母親は結婚し、今住んでいるミッドランドの町に引っ越してきた。彼女は子ども時代は母親と継父、祖母の間を行き来して暮らしていた。祖母は現在もスコットランドに暮らしている。彼女は勉強がうまく行かず、神経質な

子どもといわれていた。彼女は15歳の時継父とけんかして、祖母のところに帰って来た。祖母が亡くなった時、すぐ母親（現在は分かれて住んでいるが）のところに帰ってきている。彼女は祖母が亡くなったこと（突然の脳卒中）でひどく落ち込み、抗うつ剤を処方された。彼女は処方薬に依存するようになり、処方薬が無くなると不正にアンフェタミンを使用するようになった。

18歳の時、ベンを妊娠し、ベッドルームが1つしか無い、ベンの父親ミック・バートンの民間賃貸住宅に引っ越した。彼女はミックと4年間過ごしトムも生まれた。狭い家に4人と過密な生活にもかかわらず、また、薬物の使用や周期的な気持ちの落ち込みなどにより時々は良くないこともあったが、子どもたちへのケアは適切だった。ミックは正規職員だったが収入は少なく、次第に怒りやすくなっていた。リサが薬物を止めなかったからだ。薬物は彼らの収入を切り崩してしまっていた。彼は激しい口論の後（家庭内暴力の一般的なパターンとは違う）、自分の母親のところに戻ってしまった。現在彼は新しいパートナーがいて男の赤ちゃんがいる。子どもたちは離別に落ち込んだ。彼らはおおむね6週間に一回、父方の祖母のところで父親と会っていた。しかし、それは定期的ではなく、迎えに来ない時は子どもたちは狼狽し、怒った。

ミックと離別した後リサの子どもたちの養育の状態は悪くなっていった。トムは膠耳と診断されていたが、予約した診察時に来ないことがよくあった。学校でのベンの行動は挑戦的になっていた。彼は学校でしばしば臭かったり、時折おもらしもした。きれいな衣服が提供される必要があった。彼が傷ついた眼で、腕にはつかまれたような傷をつけて学校に現れた（これらの傷は、おねしょをした後、生意気なことを母親に言った時についたものだと母親は認めている）。子ども保護会議が招集され、2人の子どもは子ども保護計画の策定対象となった。ベンは身体的虐待で、トムとベンはネグレクトに関してである。ファミリーサポートワーカー（リサはシュアスタートセンターで知り合っていた）がリサのところに訪問を始め、ベンと放課後過ごすようになっ

た。センターの負債整理アドバイザーは、彼女の家計を整理する手伝いをした。

　２つのベッドルームのある住宅供給協会の物件に引っ越した後、リサの精神的健康は改善した。保護計画は終了し、子どもサービスとの関係を終結した。しかし彼女は、子どもセンターから継続的な支援を受けた。転居後すぐに、ネットで出会った彼女の新しい恋人クリスも彼女と一緒に引っ越してきた（ベンが６歳、トムが５歳の時である）。ベンの学校での行動は時々厳しい状態が続いていたので、クラスの助手は彼に追加的な支援を行った。双子の女の子が生まれた後、リサとクリス（定職を持っていない）は、彼らの子育てを改善しだした。両方の祖母の助けを借りてである。小さな擦り切れはあるものの家族の家はきれいで片づけられていて、子どもの衣服は満足の行くものになっていた。ミックの家で、ベンやトムと彼らの父親との接触、継母と継姉妹の接触はかなり定期的に続けられた。保健師は双子の成長に満足をしていたが、学校看護師は、ベンとトムの診察予約がすっぽかされることを心配していた。

　双子が２歳になってリサがまた妊娠した時、度重なる口論と、リサが再びアンフェタミンを使うようになったため、クリスは出て行った。双子は彼らの父親の母の家で定期的に父親に会っている。ベンとトムは彼らの父と祖母に不定期に会っている。

《練習問題 2.3》

　リサは妊娠 29 週目です。近所の人が子どものソーシャルケアに連絡してきました。ケリーとキリーが、家の外のベビーバギーにしばしばつながれてずっと泣いているのを見たとの内容でした。通報者は、リサが薬物を使ってぼんやりしたり、長い時間寝ているような感じがすると思っています。子どもセンターは、リサが母親と幼児のグループに参加しなくなっていることを心配していました。また、グループに参加している母親の１人は、彼女が家賃を滞納していて退去させられるのではないかと心配していたと話していました。センターの訪

問支援ワーカーが会いに行きましたが、家のなかで双子に「静かに」と言っている声が聞こえるだけで、リサは居留守を使っています。ベンの先生は、彼が小便の匂いをよくさせていて、トムは耳が痛いと学校で訴えていることを強く心配していました。

　誰が家族のメンバーなのでしょうか？

　学校看護師や保健師、ファミリーセンター訪問支援ワーカー、またはベンの先生の役割を考えてみてください。誰にあなたの懸念を最初に相談しますか？　両親、拡張された家族メンバー、そして子どもたち自身のどんな特質が、彼らに追加的サービスが必要な「要保護児童」だと判断する材料になりますか。あるいは、保護的サービスや支援が無ければ、傷つけられたり深刻な危害にあうと判断する材料となりますか。突然拡張された家族にどんなプラスの可能性やリジリアンスの要因があるのでしょうか？

　どんな専門職またはその他が、この家族に適切な情報提供をできるのでしょうか？

　どんな専門職が、家族の周囲のチームとして加われば良いと思いますか？

　もしあなたたちが多分野チームであったら、どうすればこの家族を救うことができるかについて、他のグループメンバーに専門的な職業人の立場から交代で話してください。もしあなたたちが単一の専門のグループなら、家族メンバーの周囲のチームの専門的役割を想定してみてください。そして順番にそれぞれがこの異なる家族メンバーに何ができるのかを話してください。

　どんな専門家が、この家族の周囲のチームの最も適切なチームリーダーまたはコーディネイターなのでしょうか？

協働実践と専門職連携教育の重要文献

Brandon, M. and Thoburn, J. (2008) Safeguarding children in the UK: a longitudinal study of services to children suffering or likely to suffer significant harm. *Child and Family Social*

Work. 13: 365–77.

Brandon, M., Bailey, S., Belderson, P. and Larsson, B. (2014) The role of neglect in child fatality and serious injury. *Child Abuse Review.* 23: 235–45.

Brotherton, G., Davies, H. and McGillivray, G. (eds) (2010) *Working with Children, Young People and Families.* London: Sage.

Daniel, B., Taylor, J., and Scott, J. (2011) *Recognising and Helping the Neglected Child: evidencebased practice for assessment and intervention.* London: Jessica Kingsley.

Davies, C. and Ward, H. (2011) *Safeguarding Children across Services: messages from research.* London: Jessica Kingsley Publishers.

Gilligan, R. (2000) Family support: issues and prospects. In: Canavan, J., Dolan, P. and Pinkerton, J. (eds) *Family Support as Reflective Practice.* London: Jessica Kingsley.

Her Majesty's Government. (2015) *What to Do if you're Worried a Child is being Abused: advice for practitioners.* London: TSO.

Munro, E. (2011). *The Munro Review of Child Protection: Final Report.* London: DfE.

Parton, N. (2011) Child protection and safeguarding in England: changing and competing conceptions of risk and their implications for social work. *British Journal of Social Work.* 41: 854–75.

Taylor, J. and Lazenbatt, A. (2014) *Maltreatment in High Risk Families.* London: Dunedin.

Thoburn, J. (2009) *Effective Interventions for Complex Families where there are Concerns about or Evidence of a Child Suffering Significant Harm.* London: Centre for Excellence and Outcomes in Children and Young People's Services (C4EO). Available at: http://archive.c4eo.org.uk/themes/safeguarding/files/safeguarding_briefing_1.pdf (accessed 22 February 2015).

3 裁判所の命令や法的ガイダンスの下で協働する

要 約

この章では、複雑な問題を持つ家族とともに行う支援のための法的命令の詳細について扱っていきます。我々のサービスを自主的に利用する場合と、強制的な措置が必要になる場合の違いに注意しなければなりません。「要保護児童」であることの法的決定や、焦点化されたサービスが必要であることの法的決定が行われています。深刻な危害から子どもを守るため、「要養護児童」として家族と分離するため、もしくは養子縁組や特別後見人へ措置するために裁判所の判断（家族法や刑法）がなされる時の状況が説明されています。このような特定の法律の力や責任につなげる際には、我々はイングランド（またはイングランドとウェールズ）の関係法を使います。共通的な原則は英国全体を通して似ていますが、委譲される権限はかなり異なるでしょう。

第1節　法的な権限と義務の概要

　要支援児童や家庭へのサービス提供場面でのあなたの役割が何であっても、また法的機能を行使するか否かにかかわらず、自分が管轄する範囲の主たる法の適用には精通していて、より詳しい助言をもらうためにはどこに行けばいいか知っていることは当然のことだと思います。このことは当然必要なことです。なぜなら、どんな状況下で子どもを保護サービスにつなぐのが適正かについて、第一層目（Tier 1）〔普遍的サービス等で対応されるすべての子どもと家庭〕と第二層目（Tier 2）〔要支援児童と家庭の層を指す。ともにp.7 図2参照〕で仕事をする実践者たちは知らなければならないからです。また、法令は地方当局やそのパートナーに、サポートが必要な家族を助けるために必要な幅広い権限（時には義務）を与えるからです。スト

レスが多い環境下に住んでいる親や子どもたちに関わろうとする人は誰でも、法律による支援の観点から追加的支援（additional assistance）のケースとして対応しようとする立場で関わることになります。

　以下は、要保護児童（children in need）の福祉を守り増進するための、そして家族や保護者を支援するための、イングランドにおける関係する権限や義務（そのいくつかはウェールズでも同様である）の要約です[2]。こうした司法サービスに関して決定する専門職たちのために法的な知識の詳細を説明しているわけではありません。また、（デイケアか教育かなど）年齢に応じた、または健康状態についての普遍的サービス（universal services）の提供についての司法権限や義務まで含んでいるわけではありません。

　「法的権限」という言葉は、単に子どもの保護権や強制的な介入へつなげることだと時々間違って使われます。これは正確ではありません。なぜなら法令に基づくどんな権限や義務（家庭支援権限や要支援児童として位置づけられた子どもへの尊重の義務などを含む）も、「法的」だからです。追加的ニーズのアセスメントのために地方当局につなげられた場合、特に一度「要保護児童」としてアセスメントされた場合、子どもと家族メンバーや保護者がサービスの権利を獲得するのですから。この領域で働いているどんな専門家たちもこうした権利を行使するため働いているのです。

　他と違い英国の司法のなかでは、保護機関の名前がつけられたところに、不適切な養育をされたと思われる子どもを通告する（時々「義務的報告」といわれます）特別な専門職や公的なメンバーを定めた特別な法律はありません。たとえ、重大な子どもへの危害が発生するような問題について通告しなくても、不必要な介入の遅れについて専門職の団体や雇用主によって懲戒を受けることはあっても、刑事犯として告訴されることはありません。

　不適切な養育が心配される時に従うことになる、法律によって求められている詳細な機関間連携の過程（緊急戦略会議、子どもの保護会議、子ども

2）スコットランドの政府のガイダンス（www.cne-siar.gov.uk/childProtectionCommittee/Guidelines2014.pdf）や、異なるアプローチの1つとして子ども委員会（Children's Panels）（www.childrenspanelsscotland.org/）の一読を勧めます。

保護プラン、コアグループ＝注2を参照）のなかにも、通告の義務はありません。しかし、これらのための命令はすべて法的ガイダンスのなかに書き込まれていて、「子どもの安全のためにともに取り組む（Working Together to Safeguard Children）」（HMG, 2015）の主要な内容にもなっています。これには16の機関またはサービスのそれぞれについてのガイドに書き分けられています。

すべての関連する専門職はこのガイダンスを読み遵守し、個々の子どものニーズに的確に応えることができるようになるべきです（前掲書 p.6）。

準備のための練習問題

あなたが働いている、または働こうとしている管轄範囲の要支援児童や家族のニーズに対応するための法的な権力または義務、そしてガイドについて、所属機関か大学の図書館で、またはウェブサイトで探してみてください。そして、あなたの専門や所属する機関に特別に関連する部分を明確にしてみてください。

第2節　法令

1989年児童法の下、地方当局は要保護児童の安全と福祉の増進を目的として、彼らにサービスを提供することが求められている。
（「子どもの安全のためにともに取り組む（Working Together to Safeguard Children）」HMG, 2013, p.16）

すべての個々の法令の土台は、2010年平等法です。これは差別の除去や機会均等を増進させるため、行政当局に責任を持たせた法律です。これは、個々の子どもたちが直面しているニーズやリスクを明確にする過程、アセスメントの過程、ならびに親・子ども・保護者に提供されるサービスに対しても適用されます。

すべての子どもや子どもたちのグループは、個々のニーズを充足される効果的なサービスを利用することが可能なその他の子どもたちに比べ、不利な扱いを受けてはいけない。　　　　　　　　（前掲書 p.9）

　イングランドやウェールズにおける、要支援児童や家庭のための政策や実践の運営・管理のための法令の4つの主要なものは、下記のとおりです。
　　・1989年児童法（改正されているが、依然として地方当局に、要支援児童や家庭のニーズを保障し危難から守ることを保障する主要な役割を担わせる基本的法令である。）
　　・2004年児童法（第10条と11条に、すべての公的機関やサービスに地方当局と協働するよう求める主要な条項を含んでいる。）
　　・2008年子どもと若者法（イングランドやウェールズでは要養護児童などといわれてきた、家庭外での養育を受けている子どもに関する原則的なものである。）
　　・2014年子どもと家族法（これは、裁判にかかる時間を短くし、また支援を受けている子どもの条項の小さな修正を行い、養子縁組サービスを強化し、そして障害児や特別支援ニーズに対するサービスの改善をするものである。）

　この法令に含まれている、要支援児童や親へのサービスの提供のための基本となるアプローチは、国連子どもの権利条約と国連人権条約に極めて沿うものになっています。この章で参考にしているのは主に英国法です。なぜならほとんどの国が国連条約に署名しており、国境を越えて子どもの福祉に関する法令には多くの類似性があるからです。
　1989年児童法第17条は、学校や一次的または二次的保健のような普遍的なサービスを越えて、または上乗せして提供されるサービスが必要な環境にある子どもや家庭（時には追加的ニーズが必要な子どもといわれます）を明らかにすることを地方当局に求めています。
　親と年長児童は追加的ニーズをアセスメントしてもらうよう要求することができます。しかし実際は、家族のなかに要支援の子どもがいるかどう

かのアセスメントをするために、すでに彼らの同意を得て他の専門職から子どもサービス局につなげられていることが多くあります。より一般的な子どものニーズ、例えば、全般的に使われる地域や教育、そして保健サービスなどによって対応されるニーズと区別して使うため、我々が児童法第17条に定義される人々を表す場合は、この本では「要保護児童」とカッコをつけて使っていきます。

もし「要保護」と認定されたら、幅広いサービスを使うことができます。これらの一部は1989年児童法の別表1にリスト化されています。しかし、法令や手引は個々の子どもや家族のニーズに合う柔軟なアプローチを推奨しています。法令は、もし子どもたちが下記の状態ならその子どもは追加的サービスが必要な「要保護」の状態であると明言しています。

- サービス（追加的なソーシャルケア）が提供されないと健康と発達の合理的水準を達成することができそうもない時
- サービス（追加的ソーシャルケア）が無いと、健康や（精神・身体・認知の）発達が深刻に損なわれそうな時
- 障害がある時（しかし、中程度の障害のある子どもなら最初の3つの条項によって「要保護」と評価されるとはいえ、障害は厳格に定義されます）
- 16歳や17歳でかつ住居の提供（第20条）が無いとその健康や発達が深刻な危害があると思われる時

強制的な調査や介入（1989年児童法第4編〔ケアとスーパービジョン〕と第5編（〔子どもの保護〕）は、子どもが傷つけられているか深刻な危害（1989年児童法第31条）にあっている確証がある時に適用されます。

第3節　協働の義務

法令は全体として地方当局を指定しています。しかし2004年法は、イングランドのなかにおいてニーズのアセスメントや、要支援児童と家族へ

のサービスのコーディネイトの主な責任は子どものサービス部局（Children Services Department）（名称は違うこともあるが）にあると規定しています。要支援の子どもが親や親戚と地域に住んでいようと、私的な対応や、地方当局のケアを通して他の人によって育てられていようとも、このことは適用されます。例えば、レスパイトケアは、休息や依存の治療などが必要な、ストレスのある親を持つ障害のある子どもに提供されます。

　ひとたび子どもが「要支援」と評価されると、「要支援」と評価された子どもが直接間接的な利益を得られるのなら、その子どもの家族全員に多くのサービスが提供されます。

　子どもサービスはすべてまたは一部のサービスを直接的に提供することもできますし、第3セクター（慈善的または民間営利セクター）によって提供する契約もできます。しかし、ひとたび「要保護」と評価され、地方当局の敷居をまたいだら、ソーシャルワーカーやチームリーダーは、サービスが満たされていない追加的なニーズが残っている限り、サービス提供を確実に実施していかなければなりません。提供されるサービスに関するより多くの情報は事例と第6章に書かれています。

　機関間や多職種間協働に関し、より関係が深いのは2004年法第10条です。それは、時々要保護児童へのサービス提供における「協働の義務」と呼ばれます。この法律は、白書『どの子どもも大切（Every Child Matters)』のなかに推奨されていることにも沿っています。この白書は追加的なサービスが必要とアセスメントされた要支援児童や家庭をカバーするのみならず、子どものニーズに対応した統合的なサービスを創造するという野心も持っています。その野心とは、一次保健医療や学校のような早期の地域基盤でのサービス（時々Tier 1といわれます）から、不適切な養育を受けて来た子どもの養子縁組や、子どもを社会的ケアから安全に家に帰すなどのリハビリテーションサービスまでを統合するというものです。

　直接にまたは委託して提供されているサービス（例えば大人の社会的ケアサービス、若者支援サービス、若者司法サービス、いろいろな教育支援サービスなどの直接的サービスや、もし一体化している当局であれば住宅供給支援サービス）のすべてに関して、子どもの社会的ケアの責任を持つ地方当局

は、活発な協働を確実なものとする役割を持っているとして設定されています。協働することを求められている他の機関やサービスは、法律により、幅広く包括的に、「地方当局が適切だと判断した個人や団体や、何らかの機能を果たすことができる個人や団体、当局の担当地域のなかで子どもの関係の活動に従事する個人・団体など」とされています。1989年法と同様、親やその他の保護者とのパートナーシップが強調されています。

特に取り上げられているものは
- もし地方（local）当局が統合された組織になっていない場合は、地域（district）当局（住宅支援サービス含む）
- 警察サービス
- 全国犯罪者管理・保護観察サービス
- 保健サービス信託基金やその他の保健当局（医療的な委任グループも含む）（RCPCH, 2014を参照）
- 実習や学習、技能に責任を持つ機関
- 公的資金で運営される学校や継続教育大学や登校できない生徒の教育センター（pupil referral unit）
- 専門学校や他の非地方当局の公的資金で運営される学校の事業主

第10条には下記のような記述があります。

下記に関しては、子どものウェルビーイングを改善する観点から、当局の担当地域のなかで調整されます。
a）心身の健康と情緒的ウェルビーイング
b）危害やネグレクトからの保護
c）教育、訓練、そして余暇
d）社会への貢献
e）社会的、経済的ウェルビーイング

こうしたパートナー機関から提供されるサービスは、「スタッフ、物、サービス、住居、または他の地域資源」などがあります。そして機関は

「適切な支払を可能にする財源を提供」します。こうした「ケアパッケージ」が子どもや親、拡大家族の保護者、そしてネットワークにおけるいろいろなニーズに、どのようにともに対応するのかについては、事例や第6章で分析することにします。

「ともに取り組む（Working Together）」のなかで詳述されている2004年法第11条は、子どもに提供されるすべてのサービスに、雇用過程や実践によって子どものウェルビーイングの増進や安全が保障されるよう求めています。そして、パートナーはともに働く人々が適切な安全確保をしてくれることを確信できた方がよいという観点から、効果的な多職種間実践にも間接的に貢献することをこれらサービスに求めています。

第4節　親や年長の子どもの同意の下で提供されるサービス

1989年法の第3編は、「子どもと家庭の地方当局の支援」を推進するとともに、2004年法により一層強化されていることですが、子どもや親、そして子どもたちや親たちにとって重要な存在である他の人々とのパートナーシップで、可能なサービス提供が行われることを求めています。1989年児童法第17条（1）（b）では下記のことを要求しています。

　　　その義務と矛盾しない範囲内において、子どもたちのニーズに適切な幅や水準のサービスを提供することにより、家族によるこうした子どもたちの養育を促進すること

たとえパートナーシップを築けなくとも（そして家族メンバーと、サービスの提供者との間の不均衡な力関係の発生によりパートナーシップを実現することが困難になったとしても）、この法律は家族メンバーに十分な情報を提供することや、可能な限り彼らを巻き込むことを求めています（たとえこのことが子どもや要支援の大人の損害とならなかったとしても）（守秘義務や記録の管理に関する第4章参照）。

法律のこの部分は、要支援の子どものための住宅供給の義務も含んでいます（第20条）。住居が提供されようとする時、環境に関しては幅広い裁量があります。

- 20（1）（a）（一時的か恒常的に）子育てをする親の責任を果たせる人がいない子ども
- または（b）行方不明だったり、見捨てられていたりする子ども

は、ほとんど使われない事由です。近年は「孤児」や「見捨てられた子ども」はほとんどいません。一般的には悲劇的な事故などが起こった時などは親戚が介入しています。こうした規定は一般に身寄りの無い子どもの亡命希望者に適用されています。

ほとんどの子どもたちに住居を与え、そして十分な専門的な判断を認めている条文は、次になります。
- 20（1）（c）「（最終的にかどうか、そしてどんな理由かにはかかわらず）適切な住居やケアを提供されることを阻害されている子どもの養育をしてきた人」には、「要保護」の幅広い定義の観点から十分な専門的判断が行われる。

より一層の判断が次の20（4）によって行われています。
- 子どもへ住居提供することが子どもの福祉を安全にし増進すると思われる場合、地方当局は地域内のどんな子どもたちにも住居を提供してよい（たとえ親としての責任がある人が子どもに住宅を提供できる場合でも）。

16歳や17歳の年齢の子どもたちに関しては、審査はより厳しくなります。しかしいったん通過した場合は、住居供給の義務を果たしてくれることになります。20（3）にはこうあります。
- 要保護の子どもたちが16歳に達して、住居の供給がなされない場

合彼らの福祉が深刻な侵害を受けると地方当局が判断した場合は、すべての地方当局はこうした子どもに対しその地域に住居を提供することになる。

　同じ里親や施設で連続して短期的入所を行う場合があります。このサービスは最も多くは障害児のために利用されています。また、その他の理由によりストレス下にいる家族を援助するためにも使われることもあります。
　第20条住居は、葛藤のなかにいるティーンエイジャーに使われる傾向にあります。要支援の若者と接する教員やユースワーカー、そしてGPなどにとって、地方当局が担当するこれら第20条の権限や義務を知っていることはとても重要です。
　裁判手続きが始められようとする場合を除き、これらの権限や義務は緊急保護命令が発令されることを避けるため、幼児やとても小さな子どもたちに対しても使われます。こうしたケースでは、親たちは子どもたちのための「任意での」住居に対する同意の意味を十分に理解していないことから、法的なアドバイスを受ける機会を提供することは重要です。
　出産直後であったり、認知障害や精神や依存の問題を持っていたりするために、親が身体的や情緒的にもろい状態である場合、こうしたことはよく起こります。そのため、法的助言や支援や代弁が使える場合でも、「協議された」第20条の許可が引き続き適切であるにもかかわらず、こうした要支援の大人たちを援助する者は法的意味を特に理解しておくことが必要となります。
　16歳や17歳の子どもたち（16歳をすぎてもケアを受けている若者であればその年齢を超えた者）は自身の権利として援助を求めることができますが、第17条と第20条の条文は、親または親の責任を持つ者の明白な同意無しには使うことができません。良い実践とは、ほとんどの場合、サービスが提供されるべきか否か、そしてどんなサービスが提供されるべきかの決定に、親や親の責任を持つその他の人が参加するものなのです。

第5節 強制的な介入

法律によって提供されているものではありませんが、「ともに取り組む（Working Together）」（HMG, 2015）に書かれている正式な子どもの保護やその手順は、強制的な要素によって裏付けられており、家族メンバーもそのように考えています。こうした公的な手順で取り組む専門職には、親や年長児童に明確に伝えておかなければならないことがあります。それは、策定された計画が子どもたちの安全とウェルビーイングの十分な改善につながらなかった時、スーパービジョンやケア命令を通して親の義務を制限したり、喪失させたりする裁判所命令の申請は以下のようになることについてです。

子どもと関係する仕事をしている人は誰でも、「ともに取り組む（Working Together）」の主要な節、特に彼らの特別な役割やサービス、基金や機関について書かれている部分に精通していなくてはなりません。要約は掲載しませんので、練習問題をする時にはコピーを手元に（またはPC上に）用意しておいてください。イングランドとウェールズの公的な子ども保護についての主な内容や手順は、次のとおりです。

- 子どもが深刻な危害にあっている、またはそうなる可能性が高いと思っているすべてのワーカー（公的な関係者も）は地方当局子どもサービス局に連絡をすべきです。その方法は、当局の子ども安全委員会をインターネットで調べれば、一番簡単に知ることができます。子どもたちとともに働くこれらすべての人たちは、子どもの保護のためのアドバイザーやマネージャーとして位置づけられていて、一般的に通告は、この人たちによってまず最初に対応されることを理解しておかなくてはなりません〔p.11 フローチャート1参照〕。
- 通告を受理したら、子どものソーシャルワーカーはそれをスーパーバイザーと協議し、公的な子ども保護手続きに乗せるか、その他の援助（もし、親や年長児童自身が援助が必要な場合は「要保護児童」へのサービスを提供する可能性もある）を提供するのかを決定するため、追加の情報収集をします。通常は、彼らは通告者や親と話し、なるべく親の許

諾を得てから親の同伴無しですべての子どもたちと会い、家族や子どもを知っている他の専門職の助言を求めます（第4章参照）〔p.12 フローチャート2参照〕。

・上記の予備的調査の結果、公的子ども保護調査を始めるための根拠があれば、担当ソーシャルワーカーは、キーとなる人々と判定会議（多くの場合会議の形だが、必ずしも会議を必要とするわけではない）を開催します。これには警察、ならびに通告機関の上級専門職、もしくは、身体的・性的暴行が疑われたり、ネグレクトや子育て力の欠如などにより子どもの健康がとても危険な場合は、上級開業医が参加します〔p.13 フローチャート3参照〕。

・もし、この協議で深刻なネグレクトや虐待（「ともに取り組む（Working Together）」で定義されているような）があることがわかると、最初の子ども保護会議の議長に連絡が行き、公的な子ども保護会議が開催されます。参加させられない理由が無い限りは、親や年長児童はこの会議に参加することになります〔p.14 フローチャート4参照〕。

　　　最初の子ども保護会議は子どもの将来の安全や健康、発達に関して意思決定するため、家族メンバーや支援者、代弁者、子どもと家庭に最も近い専門職が一緒に参加する。　　　　　　　（HMG, 2013）

・この会議の結論として公的な子ども保護計画が策定され記録されないと、子どもが傷つけられ、または深刻な危害により傷つけられ続ける可能性が高いとなった場合は、計画の主な構成要素と提供されるサービスが合意され、また主に担当する専門職や親と子どもと支援する中心となるグループのメンバーについても合意されます。コアグループのメンバーや家族が、ウェルビーイングや安全の点からの進歩や後退についてや、計画が必要としている変化について報告する、子どもの保護会議の評価の日にちが決められます。家族のなかでどの子どもも傷つけられず深刻な危害にあう可能性が無いという証拠がある場合にのみ、保護計画は子ども保護会議のレビューにより終了とすることが

できます。ほとんどの場合、親や年長児童が合意すると、家族支援計画がスタートするか、家族が地域の家族サポートサービスにつなげられることになります。

・十分な改善がされず、子どもが引き続き深刻な危害にさらされている、またはこうした危険がある場合、ソーシャルワーカー（一般的には指導的専門職）はケアやスーパービジョン命令の申請をするかどうかを決めるための法的計画のための会議を開催します〔p.15 フローチャート 5 参照〕。

第 6 節　法による制限または終結命令　親の権利と責任

1989 年法の 2 つの箇所では、実施される行動や提供されるサービスを決めるための裁判所の関与について規定しています。

・この法律の第 2 部には民法による命令も含まれています。それは、主に親が離婚または離別した際、子どもがどこに住むかや、面会等についての合意が得られなかった場合に適用されます。2014 年子どもと家族法による変更により、親たちが法的援助を受けたり、紛争の調停をしたりすることは、裁判所の介入無しには実施困難になっています。この法律はまた、私的な家庭内紛争に関して、Cafcass（子ども家庭裁判所助言・支援サービス）か地方当局によって調査される必要のある保護上の問題があるかどうかの検討を求めています（Section 16A、Section 37）。「面会（Contact）」と「居住（Residence）」命令は「子どもの調整命令（Child Arrangement Order）」に変わりました。

・親やその他、親としての責任を持つ人による作為や不作為の結果として子どもたちが虐待やネグレクトにあっている、またはそうした状態が危惧される時には、1989 年法の第 4 編と第 5 編は、子どもの安全と福祉の増進のため、地方当局と裁判所のための規定（子どもが傷つき深刻な危害にあうだろうと信じるに足る理由がある時適用される、法定の子ども保護規定）を用意しています。

・緊急手段が実施された子どものための福祉を保障し増進するため、強制的な措置が必要かどうかについて、またもし彼らが「困難な地域で生活し、またはその地域で発見され、困難で深刻な危害で苦しんでいる」ことが疑われる合理的理由がある場合、第47条は地方当局の職員やNSPCC（実際は、英国においては子どもサービス部局に雇用されたソーシャルワーカー）にアセスメントすることを求めています。

・緊急事態の時は、どんな人でも家庭裁判所判事に、安全な場所に短期間子どもを移動させたり、保護ニーズをアセスメントするため子どもを安全な場所に残したりするなどの緊急保護命令（EPO）を申請することができます。一般的には、それを行うのはソーシャルワーカーとなりますが、保健の専門職も申請することができます。例えば子どもを病院のなかに残れるようにするなどです。

・警察もEPOの発行に先立って、警察による保護をすることができます。

　上記を見れば、どのようにケースが通告され、どのようにアセスメントが実施されるかの詳細（例えば、緊急戦略会議の開催、子ども保護会議の招集、保護計画、「キーワーカー」や「コアグループ」の決定）は、法律によって指定されているのではなく、「ともに取り組む（Working Together）」法的ガイダンスのなかに書かれていることがわかります。

　調査やアセスメントにより次のような結論が出た場合は、裁判所に申請しなければいけません。

・家族のなかの子どもが深刻な危害を被っている、または被る可能性がある

・加えて専門職による協調した援助では安全や適切で標準的なケアを実現できなかった

・もしくは提案された援助が親や年長児童に受け入れられなかった

・サービスが提供されても、子どもの福祉の安全がおぼつかないと、関係する専門職が結論づけている

とはいえ、暴行や福祉の深刻な悪化などの直面している危険が無い場合は、子どもは手続きの間は親もとに残るか、同意によって第20条による居住施設に措置されます。

親が現在または過去に、暴力、死や深刻なケガに至る酷いネグレクト、子どもへの性的暴行を行っている明確な証拠があれば、裁判所への申請がされる場合が多くなります。裁量の余地（特にネグレクトや性的暴力で嫌疑のかかった犯罪者がもう家のなかにいない場合など）はあります。それは、裁判手続きが第31条の下で行われるか、ファミリーサポートサービスが第17条（10）（b）の下で開始される状態、つまり子どもの健康や発達について「サービスの提供が無ければ深刻に損なわれ、一層酷い状態になる可能性がある」という理由で、児童が要保護状態にあるかどうかに関してです。裁判手続きをするかどうかについての決定においては、親や親としての責任のある他の人々の意志や能力、そして「十分な年齢と理解力」を備えた子どもの希望が考慮されなければいけません。

成功裏に行われたパイロット事業（Masson and Dickens, 2013）の後で、ガイダンスや手続きが子どもと家庭法2014の施行に続いて進められてきました。子どもへの差し迫った危険があるケースを除いて、手続き前プロセスが行われます。その際には、手続きを避けるため親たちは何ができるか、また親や子どもたちのためのどんな援助を得られるかを考えるため、親もキーワーカーと一緒に会議に参加します。アドバイスや手続き前会議に出席する法務官に連絡を取るため、この段階で親たちは法的援助を利用することができます。

すべての家族の手続きは、合同家庭裁判所のなかで審議されます。その裁判所には、スーパービジョンやケア命令をしたり申請を退けたりする権限のある上級裁判所裁判官や下級裁判所裁判官がいます。

下記を満たせば、裁判所はケア命令とスーパービジョン命令のみを行うことができます。
a) 心配されている子どもが傷つけられまたは重大な危害により傷つく可能性があり、

b) その危害や予見される危害が下記のことにつながる

（ⅰ）もし命令がされないと、子どもへ与えられているケアや、与えられるであろうケアが、親が子どもへ与えるものとして合理的に期待されているものと異なる場合

（ⅱ）子どもの行為が親の力量を超える場合

（児童法 1989 年、第 31 条）

これやこれに続く条文では、子どもを可能な限り家族のなかで育てられていることの重要性に関して、一貫して強調されています。深刻な危害がある、またはそのような状態であり、またこのことが親の過失によると確認される場合は、第 5 条で下記のように規定されています。

　　子どもに関しこの法律の下で 1 つもしくはそれ以上の命令をするかどうか裁判所が検討している場合は、何もしないより実施した方が子どもにとって良いかどうかを検討すること無しに、それらの命令はしてはならない。

この条文は法律のなかで、この法律の条文のもと裁判所が命令を実施する前に検討されなければならない原則とともにすぐ見つけることができます。

裁判所の判断を支える 2 つの全般にわたる条件は次の 2 つです。

1) 子どもの福祉が裁判所の最大の関心事であるということ

2) 問題の決定のどんな遅れも子どもの福祉を侵害するという一般原則

これらは、裁判所が関わる特別で重要なこと、つまり一般に「福祉のチェックリスト」といわれているものとして、第 3 条でより具体化されています。

（a）心配されている子どもの意思と感情の確認（年齢や理解力の観点を考慮する）

（b）子どもの身体的、情緒的、教育的ニーズ

（c）子どもの環境における変化により見込まれる効果

（d）年齢、性別、背景、関連していると裁判所が考える特徴

（e）被った、もしくは現在被る危険性のある危害

（f）裁判所が疑いありとしている親や関係者の能力が、子どものニーズに対応している程度

（g）問題の進行中に、この法律の下で裁判所が使える権限の範囲

第7節　犯罪捜査

　公的な子どもの保護に取り組む専門職も刑法に注目しておく必要があります。刑法は虐待や深刻なネグレクトをしている親やその他の人の起訴のために使われます。裁判中や裁判の後に家族のメンバーを支えるため協働して活動するソーシャルワーカーや他の専門職とともに、一義的責任は警察や裁判所、法律家にあります。

　この領域は、警察官（一般的には専門家）が、不正の防止や発見という本来の狭い役割を超えて活動し、虐待の被害者（特に家庭内暴力の被害者である子どもや大人、または性的暴力を受けた若者）を支援する役割を担当する領域となります。

　警察は、多機関リスクアセスメント会議（MARAC）の主なメンバーです。この会議の過程は要支援の大人や子ども（子どもに対する有罪判決を受けた者や、家庭内暴力を行う加害者も含む）への危険を防止する役割のある大人を明確にするためものです。専門警察官は、子どもの保護サービスにおける「要保護」児童すべての通告の最初のレビューを行うためにほとんどの地方当局で組織されている多機関安全拠点（MASHs）のメンバーでもあります。

　身体的、性的暴行の申し立てケースでは、犯罪捜査はほぼ必ず始まるわ

けですが（証拠が提供されることによる子どもや青年への影響が考慮されるため、必ずしも起訴されるわけではありません）、その際には（緊急戦略会議で決められた決定としての）犯罪捜査をするかどうか、そして暴力的な犯罪者を起訴するかどうかの両方についていくらか裁量の余地があります。容疑者が18歳未満の若者、つまり法律的に子どもである場合は、正しい決定を得るため特別なケアが行われます。

刑法が適用される他の3つの分野があります。犯罪者を「付則1　犯罪者」の範疇に分類することになるという、子どもに対する犯罪での有罪判決の意味を専門職は知っておく必要があります。この場合は、当該者が子どもに接触するかもしれない時は、保護観察官が子どもの周囲のチームのなかに加わります（「付則1　犯罪者」は性犯罪にのみ言及している、または「付則1　犯罪者」のほとんどは男性であるなどと間違って認識されています。多くの母親がこのカテゴリーに当たり、深刻なネグレクトや身体的虐待での有罪判決を受けているにもかかわらずです）。

2つ目は、有罪になった性的犯罪者は性的犯罪者登録することが求められていること、そして3つ目は反社会的行動法令です。これは主に10代の子どもたちに適用され、時々親にも適用されます。

練習問題 3.1

あなたの管轄区のなかの、子どもに対する犯罪に関する法令を見てください。ティナ・モートンTina Mortonやダミアン・シンプソンDamian Simpson、2つの事件における、子どもに対する犯罪について1人または両方を起訴するか不起訴にするかの決定の意味するものは何でしょうか？　もし有罪になったら、ティナとダミアンやその他の将来のパートナーや子どもたちに対する生涯を通じた影響はどんなものでしょうか？

第8節　要養護児童への協働での取り組み

　1989年法の第3編には、里親等に措置している時に地方当局はどのように ケアをしなければならないかの詳細が書かれています。親との同意（上記第20条参照）によって施設に入所されている場合であっても、裁判所の仮命令もしくは全面的なケア命令がなされたことによってケアされている場合であってもです。子どもが措置されている時の機関間・職種間の業務に特に関連するのは、2008年子どもと若者法の条文です。2004年法（第51条）は学校とソーシャルサービスに、協働して、地方当局のケアを受けている子どもの教育的ニーズに特別な注意を払うよう求めていました。これは続く2008年子どもと若者法に基づくガイダンスによって大幅に強化されています。

　子どもが住居を提供される時、親は完全な親の責任を維持していますし、地方当局と分かち合う面も残しています。そしてもし親たちがそうしたいのなら、または地方当局が緊急保護やケア命令の申請をしなければ、親たちは子どものケアを取り戻すことができます。ケア命令が実施される時は、親と地方当局が親の責任を分け合うことになります。そして、地方当局は、親の責任のどんな部分を親が遂行できるのかを決定することができます。

　子どもが保護登録されている時の協働の取り組みの詳細については、法的ガイダンスに書かれていますし、2008年子どもと若者法（DfE, 2010）により大幅に強化されています。独立検証官（IRO）の権限は、子どもの周囲のチームの援助を適切にコーディネイトされた形で確実に提供できるよう強化されました。それらの効果は子どものケアが始まってすぐ、その後最低6か月の間隔で評価されます。このことは子どもの周囲のチームメンバー全員が判定会議に参加するという意味ではありません。評価は会議をより良いものに高めるための過程であることを、条文は明確にしています。子どもは判定会議に出ている人のなかで主要な発言者ですが、IROは、すべての専門家たちの助言も聞くようにするべきです。IROまたは子どもソーシャルワーカーは、特に子どもの健康やウェルビーイングの状態を検討するため、子ども、その保護者、異なる家族メンバーや異なる専門職と

の様々な組み合わせによる小規模の会議を開くこともできます。

　　要養護児童は、良い健康や学識を与えてくれる素晴らしい子育てか
　ら楽しい子ども時代を経験し、大人になり成功を収めるための才能や
　技能を開発するため幅広い機会にわたる、人生における最高の経験を
　するに値する存在である。変化のなかでの安定した入所措置、健康や
　適切な支援すべてが重要な要素となる。しかし、子どもたちは彼らの
　人生に関わる者の、大きな希望や高い期待のなかでしか彼らの可能性
　を達成することはできない。

　　　　　　　　（ケアプラン、措置とケア評価規定：DfE, 2010）

　成果を改善し、保護している子どもたちが人生のチャンスを一層多くつ
かめるようにするという地方当局の責任は、「共同の子育て」として知ら
れるようになってきています。それは、地方当局や関連機関全体により取
り組まれる課題として認識されています。共同の親の役割は、保護してい
る子どもの可能な限り良い親として機能することであり、可能な限り最高
の成果を子どもたちに保障するため主張することです。住居を与えられケ
ア命令下にある子どもたちには、ケアプラン、保健計画（規定第7条）、そ
してそれぞれの当局で保護されている子どものため「実質上の上席教員
（virtual head teacher）」によって調整された個人教育計画（規定第5条）が
なければなりません。

　　すべての地方当局は、保護している子どもが適切な教育を確かなも
　のにするため「実質上の上席教員」を指名しなくてはならない。そし
　て各学校で指名された者は、学校の役割のなかで、保護されている子
　どもの教育と福祉のニーズに配慮するべきである。

　　　　　　　　　　　　　　（『どの子どもも大切』DfEs, 2004）

　保護の6か月後（年少の子どもはもっと早い）、ケアプランは安定と家族
関係上のメリットを生み出すため、「永続的」計画に焦点を当てなければ

いけません。まず子どもが安全に親もとに帰るよう努力することを優先させなければなりません。もしそれが不可能であれば、次は親戚か友達（イングランドの法令では「関係者」）ということになります。これも不可能な場合は、長期里親での家族関係と安定性を、または（年長児童の場合は）子どもの家をケアプランによって提供することになります。実親たちの希望や合意により養子縁組をするのは毎年少数です。親が養子縁組に反対したら、裁判所は、親の同意無しで、養子縁組措置命令（一般的には年少児童のみならず）をすることもできます。その子どもが傷つけられまたは深刻な危害の可能性がある場合でかつ、子どもの福祉がそれを必要としていると裁判所が判断した時にのみ、子どもとその子どもの生まれた家族の間の法的な関係を完全に分離する本格的なステップが開始されます。この際裁判所は、命令を下す前に、こうした方法以外子どものニーズを充足することができないことを明らかにする必要があります。

練習問題 3.2

　ウェイン・モートンのケース（事例4）を考えてみてください。保健師からの通告が来た時には、すでに子どもサービスチームのリーダーは、サリーの援助要望に従って、このケースを地域チームのソーシャルワーカーに担当させていました。また、保健師は親たちがウェインのケアに努力していることは知っているが、一方でケアについて心配していること、そしてどう援助をすればいいかを見極めるため、子どもサービスと一緒に訪問することについて親の許可を得たいと思っていることの2つを本人たちにすでに伝えていました。クレイグとティナはこのことには懐疑的でした。なぜならこのことによって、ウェインが保護されてしまうことを心配していたからです。しかし、彼らはいやいやながら同意しました。サリーは、子どもサービスに連絡を取っていていることを娘には話していませんでした。また娘に話すべきではないことも強く主張していました。子どもサービスとの一緒の訪問の間、クレイグとティナの間に緊張関係があり、この家族は深刻な借金があることから追立の危険があり、クレイグはティナが彼

女の母親のところに行くのをやめるよう話していたことが明らかになりました。好ましくない大人たちがアパートを訪問し、時々ウェインが彼らに預けられていたことを疑わせる事実も明らかになっています。ソーシャルワーカーは彼女のスーパーバイザーとこのケースを相談し、ウェインはネグレクトのため深刻な危害にあっていることを信じるに足りる理由があると判断しました。また、第47条の調査の開始と公的子ども保護会議の招集についての意見を添えて、緊急戦略会議が開かれるべきだとしています。警察からは、アパートでの言い争いについて苦情があり、また訪問者による騒音も多くあったと情報提供がありました。クレイグは18か月前、大麻の所有で警告を受けています。警察は彼とおそらくティナはヘロインをまた始めていると疑っていました。

　子どもの保護調査や子どもの保護会議に関して、クレイグとティナの権利と責任は何でしょうか？　子ども保護計画（CPP）が必要だと決定されたら、その計画を通してどんな影響が彼らに起こるでしょうか？　また、この計画を進めるため招集されるコアグループにどんな専門職や家族メンバーがいればいいと思いますか？

練習問題 3.3

　マリー・レロイのケースを読んでみてください（事例3）。

　マリーは英語がうまくないため、通訳（子どもの保護ケースの訓練を受けた通訳）がマリーと教員、ソーシャルワーカーとの面接の際加わっています。学級担任の先生は、マリーのこれまでのことと母親を失ったことへの落胆については理解しています。教師は、彼女と彼女の家族の援助にどう取り組んで行けばいいかを検討するために、自分が知っていることをソーシャルワーカーに伝える必要があることをマリーにすでに説明していました。マリーは、彼女の継母がまた彼女をたたくのを恐れているが、父親や兄弟姉妹を本当に愛していることを、ソーシャルワーカーに話しています。彼女の継母が彼女を再びたたいて家事をたくさんやらせないと約束してくれるなら、彼女は本当は家

に帰りたいのです。ソーシャルワーカーが両親の元を訪問することは
「干渉」だと思っていることによる両親の怒りを和らげると、ソー
シャルワーカーは父のレロイからマリーの不幸に本当に悩んでいると
聞かされたのです。父は妻も努力しているが母親を失ったマリーの悲
しみを本当には理解していないと考えています。もしまだ母国にいた
としたら、親戚に支援を求め、マリーを少しの間面倒を見てもらって
いたはずだと父親は漏らしています。

　マリーは「要保護児童」であり、パトリスが援助を求めているので、
この家族は1989年児童法の下での要保護計画の策定によって支援さ
れることができると、このソーシャルワーカーは結論づけると思いま
すか？　もしくは、マリーは深刻な危害に苦しんでいるかもしくはそ
うなりそうな状態であるので、緊急戦略会議を招集して公的子ども保
護調査が始められるべきだと結論づけると思いますか？

　これに続く緊急戦略会議のなかで、もしこのソーシャルワーカーが、
マリーのニーズはこの段階で親もとに帰ることでは充足しないと結論
づけたら、今後どう援助すればいいのかについてより一層のアセスメ
ント（第20条）をするためマリーのために里親委託を申請するかど
うか、または一時的ケア命令を請求するか、それともマリーが深刻な
危害に苦しんでいる、もしくはそうなりそうな状態であることを理由
に一時的ケア命令の申請の意見をつけて警察に頼んで緊急保護するか
どうか、この2つの道に関してどちらを選ぶかをスーパーバイザー
と検討し相談しなければいけません。この2つの道のどちらにする
のかを決定する時、あなたなら何を考慮しますか？

協働実践と専門職連携教育の重要文献

Ball, C. (2015) *Focus on Social Work Law: looked after children.* Basingstoke: Palgrave Mac-
millan. The Children Northern Ireland Order 1995. Available at: www.legislation.gov.uk/
nisi/1995/755/contents/

Department for Children, Schools and Families. (2008) *Information Sharing: guidance for
practitioners and managers.* London: DCSF.

Department for Education (2010) *Planning, Placements and Case Review (England) Regulations 2010 and the Care Planning, Placements and Case Review Regulations 2010 – statutory guidance*. London: DfE.

Department for Education. (2015) *Permanence, Long-Term Foster Placements and Ceasing to Look After a Child: statutory guidance for local authorities*. London: DfE.

Department of Health. (2004) *National Service Framework for Children, Young People and Maternity Services*. London: Department of Health.

Dickens, J. (2012) *Social Work, Law and Ethics*. London: Routledge.

Her Majesty's Government. (2008) *Information Sharing Guidance for Practitioners and Managers*. London: HMSO.

Her Majesty's Government. (2015) *Working Together to Safeguard Children*. London: The Stationery Office.

National Guidance for Child Protection in Scotland. (2014) Available at: www.cne-siar.gov.uk/childProtectionCommittee/documents/Guidelines2014.pdf

National Society for the Prevention of Cruelty to Children and Royal College of General Practitioners. (2011) *Safeguarding Children and Young People: a toolkit for General Practice*. London: RCGP.

NHS Commissioning Board. (2013) *Safeguarding Vulnerable People in the Reformed NHS: accountability and assurance framework*. London: NHS CB.

Nursing and Midwifery Council. (2015) *The Code: standards of conduct, performance and ethics for nurses and midwives*. Available at: www.nmc-uk.org/Publications/Standards/The-code/Introduction/

Royal College of Paediatrics and Child Health. (2014) *Safeguarding Children and Young People: roles and competences for health care staff: intercollegiate document*. 3rd ed. London: RCPCH. [Note: interprofessional guidance is usually agreed between all countries of the UK.]

Social Services and Wellbeing (Wales) Act 2014. Available at: www.legislation.gov.uk/anaw/2014/4/pdfs/anaw_20140004_en.pdf

4 要支援児童や家庭と協働して 取り組むための価値基盤

要　約

この章では、要支援児童や家族を援助するためともに取り組むすべての専門家が共有している、価値と倫理的な基準について最初に見ていきます。次いで、特定の専門職の仕事を統括する実践の規範や基準のいくつかを見ていきます。管理統制する団体が責任を負う「登録された」専門職の意味について、また「内部告発whistle-blowing」の要件の意味について検討します。そして最後に我々は2つの実践のなかの特別な領域を見て終わることとします。これは協働の取り組みの中心的な部分になります。それは記録の管理、そして、守秘義務を負うなかで集めた情報の共有に関するルールとジレンマについてです。

第1節　導入──共有された専門職の価値

　要支援家族と協働して取り組む際の最善の実践のために求められる知識や技能に関してより詳細に扱う前に、発生している倫理的問題や、1つの分野の、そして多分野にまたがる実践を支えなければならない価値について検討することが重要です。それぞれの専門職はガイドラインのセットや行動規範、または実践を支える専門職の倫理などを持っています。これらは名称は異なりますが、カバーする領域は大きくいうと同じです。

　これらは下記を含んでいます。

・サービスの受け手へ、またはサービスによって影響を受ける人への理解と尊敬の姿勢の要求（子どものためを第一に考え、時々義務的ケアとしての送致が実施されます。これは例えば虐待やネグレクトの申し立てがなされている親も含め、そのサービスによって影響を受けるであろう人すべてが対象となります）

- サービスを利用している子どもや家族の多様性、ならびに専門職の同僚のなかの多様性に対する、障害、言語、民族、宗教、性別、在留資格に配慮した理解と尊重に関する要求。これは、文化能力や無差別の方針や実践などを含む
- 守秘義務、そしてどのようにデータや個人情報が記録され安全に管理され、知る必要がある人にしか使えないようにすることに関する要求とガイダンス
- 子どもや大人に重大な危害がある時、どんな情報をどの専門職の同僚に提供するべきかを決めること、それを明確で丁度いい方法で実施すること、そしてなぜこれができないのかについて明確な理由がない場合に当事者の同意を求めることなどに関する要求
- ワーカーの能力や訓練を超えたことへの拒否の要求
- 利用者の経済的なことに関わったり、お金を扱ったりする時の清廉潔白さの必要性、そしてサービスへのお礼の気持ちを表したいと思っている人からの贈答品をもらうことに関してのガイダンス
- 専門職としての自己啓発を続けること、そして知識や技能を最新で、現在の実践状況にあったものにする継続研修の必要性
- サービスの性質とその提供方法について適切な選択肢を与えることの重要性、ならびに適切な様式によるこうした選択を手助けするための情報提供の重要性
- サービスが必要な親や子どもと協力して取り組むことが求められる時、ワーカーの専門的知識が原因となり、ワーカーと利用者の間が平等ではない状況になっていることを考慮すること
- 専門家が利用者や患者と向き合うとても権限のある位置にいることを認識する必要性や、彼らの役割に基づく権限の乱用をしないという要求。特に物質的援助やサービス、高額な医学的治療を受けたり、または子どもをケアさせたり、親の合意無しに養子縁組をするなどの法的機能を行使する際の優先順位を決める場合において

専門職団体は専門職の倫理声明や実践規範、専門家の基準に関してそれ

ぞれ少し異なる言葉を使っています。これらのいくつかは管理統制団体によって指定されており、懲戒審査もこれらによって行われます。その他はガイダンスの形態で書かれています。これらの専門職の基準は、利用者や患者などあなたのサービスを利用する人々と行うあなたの仕事について述べたものですが、あなた自身の機関や専門職のなかで、どのように同僚と取り組めば良いかについて考える際の支えとなる価値をカバーするのにもこれらは適しています。機関間、そして多職種間協働の重要性についてはっきりと言及しているものもあります。

第2節　専門職の倫理や基準に関する規定

　『どの子どもも大切（Every Child Matters）』に続いて、総合ソーシャルケア会議（GSCC、その時点でのソーシャルワーカーの管理統制団体）と、看護師・助産師会議（NMC）、イングランド総合教育会議（GTCE）が2007年に共同声明としてともに出版した『子どもと若者に取り組む専門職同士の取り組みを支援する価値』には次のようにあります。

　　　様々な同僚が、子どもや若者の生活に貢献することを、子どもに関する実践者は大切にする。そして彼らは子どもの仕事に就く人々のなかに効果的な関係を作る。彼らの統合的な実践は、彼らの専門性により共有した目標を追求する意思と、他者の専門性の尊重に基づいている。
　　　　　　　　　　　　　　　　　　　　　　　（GTCE, GSCC and NMC, 2007）

　これは第1章のポイント、つまり効果的な専門職間の実践は効果的な単一の専門での実践を基にして行われ、それに決して取って代わることはできないということを強調しています。
　保健サービスの専門職たちは、ニーズレベルが異なるところで取り組んでいる様々な保健専門職の価値（ならびに技能や知識）に関して、「大学連合文書（Intercollegiate Document）」で知ることができます（RCPCH, 2014）。

BOX4.1　医師と看護師のための規定

　看護師と医師は専門職的価値を共有しています。これらはNMCの看護師や助産師のための規範である「行動と倫理の基準」のなかや、総合医療会議（General Medical Council）の「医師の義務（Duties of a Doctor）」（GMC, 2013）のなかに示されています。

　看護師、助産師、医師は下記に同意すること。
・人々のケアをすることを最初の関心事とすること
・人々を1人の人間として扱い尊厳を大切にすること
・自らや同僚が、もしくはケアを提供する環境が誰かを危険にさらしていると思われたら、即座に行動すること

　医師、看護師そして助産師は以下を期待される。
・彼らがケアしている人々、そして保護者や家族に対し親切で思いやりがあること
・彼らがケアしている人々に耳を傾け、協力して働くこと
・多分野のチームワーク、すべてのチームメンバーの建設的な挑戦の奨励、安全志向のリーダーシップと風通しの良い文化、そして事態が悪化している時に学ぶこと、これらが質の高いケアを達成する基礎となることを認識して、患者中心のケアを提供するため同僚とともに建設的に取り組むこと
・彼らがケアを受けている人々の安全や尊厳に不安を感じたら、雇用や契約をしている組織の手続きに従うこと
・もし何かが悪化したら、ケアを受けている人に包み隠さず正直であること

BOX4.2　ソーシャルワークの大学の倫理規定

ソーシャルワークの大学のメンバーとして、私は、

ソーシャルワークサービスを利用している人やその保護者のウェルビーイングを増進するための義務を私と共有している他の専門職や実践家とともに敬意を持ち協働した方法で取り組む。

他の専門職と協働することがサービスを利用している人々やその保護者にとっての最善の利益であることを知っている。この共同業務を担うに当たっては、敬意を持って同僚と関わり、彼らからそして彼らとともに学ぶ。そして同僚の実践が安全でなく、乱用的で倫理に欠けている場合は、必要があれば、適切な方法で私は同僚に毅然とした対応をする。

以上は、もし親や子ども、そして同僚が私たちが行ったことや失敗したことに関して不満を抱いた際に、子どもや家族への我々の実践が審議される時の基準となる。

第3節　登録されている専門職

要支援児童や家族とともに取り組む一部の人（医師、看護師、助産師、心理士、ソーシャルワーカー、教師、セラピスト）は、登録された専門職の地位にあります。彼らやその雇用者は登録機関（例：医師はGMC、看護師や助産師はNMC、ソーシャルワーカーや心理士、セラピストは健康とケア専門職会議（HCPC））によって、その利用者が以下のことを適切な形式で利用することができるように求められています。

・彼らが責任を持つ行為の規定

- どんなサービスの種類と質が期待できるのか
- どんな種類の情報が記録され、誰がそれを見ることができるのか
- サービスを利用している人が自分の記録情報をどうやって見ることができるのか
- サービスに満足しない時どういう方法で苦情を言えるのか

　登録された専門職は、一般的には、家族メンバーに提供する情報として登録と資格の詳細を明確に伝えています（手紙の署名部分や、身分証明書、または連絡先が詳細に書かれた利用者に渡される名刺に）。

　彼らはクライアント個人や患者、サービス利用者との行動と同様、働く環境のなかや外での行為についても責任があります。また、もし彼らが行為や能力の要求基準を満たさなければ、または「専門性の声価をおとしめたら」、彼らは懲戒されたり、登録を抹消されたりします。こうして、彼らは下記の人々への専門職としての全体性と彼らの仕事の質について責任があるのです。

- 彼らがともに取り組む親や子どもと保護者に
- 専門職の登録団体に
- （雇われているのなら）雇用主に
- 当然だが、自分自身に

　専門職として登録されていない人々（例：ファミリーサポートワーカー、ケア／看護／教育のアシスタント、いくつかのセラピスト、一般人の調停委員、訓練されたボランティア）には、明確に定義された専門職の行動に関するシステムはありません。しかし、雇用者によって提供された実践の規定やガイドラインには沿って働いています。またそのサービスが満足できないものであったら、どのようにしてその意見を伝えることができるのか、どのように自分自身の記録を見ることができるのか、またどのように苦情システムは動くのかに関して、サービスを利用している親や子に情報が提供されるようにするべきです。専門家の団体もあります。GMC（医師の登録と訓練を行う団体）、英国医療協会（BMA）、調整役割がある医療王立大学

学院とともに活動する医師のための専門家王立大学。ソーシャルワーカーのためのソーシャルワークカレッジと英国ソーシャルワーカー協会（BASW）。RCN（看護師）、RCM（助産師）そして保健師協会（HVA）と保健訪問学会（iHV）（両方とも保健師の指導を担当している）などの保健実践家たちの協会。これらは質の水準についてより詳細な助言を提供しています。そして、これらのそれぞれが単一の専門的実践と多職種間実践に関する指導をしていくことになるでしょう。

　覚えておくべき重要なポイントは、その役割や専門や経験年数がどうであっても、誰も彼らの能力を超えたサービスや、訓練や適切な経験の無いサービスを担当するべきではないということです。もし、雇用者によってそうすることが求められたら、彼らはなぜその業務をできないかを説明するべきです。これは特別に複雑な領域です。そしてワーカーが若ければ若いほど、利用者やマネージャーから求められるとその能力を超えたことを拒否するのはより難しくなります。これが、ワーカーが信頼を寄せるスーパーバイザーやケース相談役にすぐ相談できることが経験年数を問わず重要であることの理由です。

　雇用者は、親や子どもそして保護者に渡すための、期待できる実践の水準について書かれている（様々なフォーマットの）リーフレットを被雇用者すべてに渡すべきです。これは、自営事業主やボランタリーなセクターまたは営利機関で働く者にとっても同様です。もし他機関の下でサービスを提供する場合、自らの機関とサービス提供のため契約している機関の規定や指針をよく見ておく必要があります。

BOX4.3　内部通報

　すべての保健や福祉、教育そして家庭裁判所の専門家たちは、もし自分と同じ機関、または他の機関（あるいは職業紹介所）から来ている自分の同僚の実践や他の機関の実践が、要支援者の健康や福祉を危険にさらすという点で許容できる水準を下回ったことに気づいた時は、雇用者や専門職の登録団体に報告する義務がある。内部通報は最近、

通報者が悪い結果にならないよう守る仕組みを強化した。

第4節　記録の保管と守秘義務

　家族が秘密裏に教えてくれた、または家族についての秘密の情報を扱うための要求項目について考える時、上記の原則の多く（そしてそれらの間で起こる可能性がある潜在的な矛盾）が明確になります。あなたが秘密に持っている情報を本人たちの許可無く、または少なくともなぜそうすることが必要かを本人たちに最初に相談すること無しには漏らさないと信じていいのかを、あなたがともに取り組んでいる親や子どもは知りたいと思うでしょう。不適切にそうする（＝情報共有する）ことは、指導規範違反になるとともに、あなたに対しての懲戒処分につながるかもしれません。このため、情報共有の中身についてどんな情報が、他の家族メンバーや専門職である同僚に提供されなければならないのかを、あなたが決定することが必要となります。また親や子どもたち（年齢に応じて）へのあなたの支援が始まる際に、これらの事情について話しておくことが必須となります。いくつかの機関、特に子ども保護分野機関は、親や子どもにリーフレットを渡しています。またいくつかの法定機関（特に法定の子ども保護役割を持った）や多分野チームは、家族と働く専門職メンバーのなかで知っておくべき「必要最小限の範囲」を基本として、サービスの提供を受ける家族メンバーに対して、情報が共有されることを明確に伝えています。サービスに影響を与える問題については、専門職のスーパービジョンや助言の過程のなかで（秘密裏に）協議されることも親や子どもに説明するべきなのです。

BOX4.4

わが政府の情報共有に関するガイダンス（The 2008 Her Majesty's

Government guidance on information sharing p.11）では、情報共有に関して7つの黄金律をリスト化している。

1　情報保護法は、情報を共有する障害ではなく、生活している人の情報が適切に共有されることを確実にする枠組を提供しているのだということを心に留めておくように。

2　そうすることが危険で不適切でない限り、なぜ、何を、どのように、誰に情報が共有され、彼らの合意を求めるのかについて、はじめから相手（そして適切な範囲で家族）に対してオープンで正直であれ。

3　もしあなたが疑問を持ったら、可能な範囲で人の身元を明らかにしない形で助言を求めること。

4　適切な範囲で可能な限り同意を共有すること。秘密情報を共有することに同意しない人々の意思は尊重しなさい。同意されないことで公共の利益に反する場合、あなたの判断で同意が無くても共有することができる。あなたは、ケースの事実を踏まえたあなた自身の判断に基づくことが求められる。

5　安全とウェルビーイングに配慮すること。その当事者や、彼らの行動によって影響を受けるであろうその他の人の、安全やウェルビーイングに対する配慮をあなたの情報共有決定の基礎に置くこと。

6　不可欠で、相応で、適切で、正確で、タイムリーで安全であること。あなたが共有した情報があなたの共有の目的にとって不可欠であり、必要な人々だけに共有されており、正確で最新であり、タイムリーに共有されており、安全に共有されていることを確認しなければならない。

7　情報を共有したか否かについて、あなたの決断やその理由を記録しておくこと。もしあなたが共有しようと決めたら、あなたが共有したことや、誰に対して何を目的にしていたのかを記録しておくこと。

第5節　守秘義務と実践のなかでの情報共有

BOX4.5　援助要求に関する研究のためインタビューを受けた 若者の語りからの引用（Cossar et al.,2013）

　私は警察や警察みたいなところには行きたくなかった。私はそれを私自身でなんとかしたかった…「〔インタビュアー〕なぜあなたは警察に行きたくないの？」…ママは逮捕されているし…私のママが私の世話をあまりできないだなんて多分誰も知らない…そして私はソーシャルサービスを利用することになり、話はどんどん進んでいる…結果はどうであれ私はママといたいのに。

　虐待は自分の間違いだと考えたり、自分が大好きな人々に忠実でありたいと願ったりする複雑な情緒的力動が、ある若者の言葉に要約されています。「自分が愛している人について話すことは難しい」と。信頼は援助の重要な側面として現れます。若者の一部、特に最も困難で長期間の問題に耐えてきた人々は、誰かを信じることがとても困難であると話しています。一部の若者は他者を信頼できない家庭環境にいますし、このことは専門職との否定的な経験によって倍増することになります。彼らは、彼らが出会う新しいどんな専門職も信じられないと感じるのです。家族や友達のなかで誰も信頼できない、こうした若者たちは特に傷つきやすいと思われます。信頼は作り上げるのが難しく、壊れやすいものですが、彼らは私的なサポートネットワークのなかの誰よりも専門職を信じる傾向が強くなっていくのです。

　　見かけじゃわからない。これが大きな信頼を寄せない本当の理由。
　　一度誰かがその信頼を壊すと、それを取り戻すのは大変困難だし、また取り戻したとしても信じられない気持ちが残る。　　　（前掲書 p.74）

一部の若者にとって、信頼関係を壊されることは、若者が関係性のなか
で信頼を失うことを意味します。ある若者は「動揺と裏切り感」を感じた
と言います。その他には以下のようなコメントもあります。

　　相手を信じること無くオープンでいることはできない。信頼を形成
　するのは大変で、あなたが信頼を得るのも大変なこと。それからあな
　たは誰にも話さないようなふりをするけれど、誰かに話す。ほんとに
　むかつく。私があなたたちを再び信頼するなんて思うな。

(前掲書 p.76)

　意思決定はケースバイケースで扱われなければならず、あなたが家族の
要望で家族の支援をしていたり、普遍的なまたは予防的なケアをしている
ケースと、子どもが傷つき重大な危害にさらされることを「信じるに足り
る理由（Reason to believe）」があるケースなどの間には違いが存在するこ
とがガイダンスには書かれています（第3章参照）。特にあなたが地域で仕
事をしている時、「信じるに足りる理由」があるとあなたが判断する際、
このガイダンスはとても有用です。あなたの懸念を、子どもの保護に関す
る懸念についてより詳しい人と相談することが重要です。例えば、あなた
のスーパーバイザーや管理者、指定された教員、子どもの保護のための医
師や看護師たちです。緊急の危害があるとの懸念がない場合は、まずは個
別の情報は伝えずにより経験のある同僚とケースについて協議するよう決
めてもよいでしょう。これまでに受けた専門的な助言の観点から、問題全
体を通して考えたり、家族の状況をより深く学ぶために時間をとってもよ
いでしょう。あなたが相談する上級の人は、個別の情報をすぐに提供する
べきかどうかアドバイスをしてくれるでしょう。
　誰がどんな種類の情報をいつ「知る必要性（needs to know）」があるの
かの判断も必要です。不適切な養育の申し立てに関する子ども保護調査が
された時、そして子ども保護会議による公的子ども保護計画が策定される
時、そのケースがコアグループのメンバー（第3章参照）が相互に情報を
共有するケースとして扱われるようになることを家族メンバーは伝えられ、

実際それを期待するようになります。シュアスタートセンターやCAMHSチーム、若年犯罪者チーム（YOTs）、障害児のための学校または子ども発達センターのような多分野チームでは、親は、チームメンバーが重要情報について彼らのなかで伝え合うことを期待するでしょう。

　しかしながら、これらのうちどれであっても、要支援の児童や大人への支援の取り組みの過程であなたに与えられた情報を提供する前に注意深く考える必要があります。あなたが情報を提供しないよう特別に言われる時が来ることになります。そして、あなたが最初のころに守秘義務の範囲について話したことを何回も繰り返して話すことになるでしょう。要支援家族メンバーを、しばしば彼らの家のプライバシーに関わりながら援助する専門家として、傍目には重要には思えないものや、他の専門職や家族メンバーは「知る必要性」が無いものなど、彼らに関する大量の情報と関わることになります。差し迫った危険や重大な危害を招くものでなくとも、健康や彼ら自身やその他の人の安全に関わると思われる重要な情報だと考えた場合、倫理的な実践の観点から、あなたはその情報を伝えるため家族に許可を求めなくてはなりません。もし彼らがあなたに伝えることを許さなければ、あなたの専門職の義務として情報を提供しなければならないことを説明しなければなりませんし、またどのようにして危険な結果を避けることが最善なのか彼らと相談することになります。そして、あなたがともに支援に取り組んでいる親や子どもや保護者や、自分自身の情報の提供者や情報提供者の許可無しに他の情報源から秘密に得た情報を提供することが必要になることはほとんど起こらなくなるでしょう。次の練習問題は、あなたの伝える義務とあなたの守秘義務の間で起こるであろう緊張を通して、あなたが考える助けになるでしょう。

　注意深く考え抜かれた利用者の記録とケースマネジメントシステムが、この領域でのどんな困難に対しても、対応できる倫理的方法を見つけるための大きな支えとなっています。あなたのサービスを利用している親や子どもにこのことを説明するリーフレットやその他の方法もその手助けとなります。あなたの雇用者は、利用者情報システムが電子的記録や紙のファイルが特定の人によってしか利用できないように保護されていることを確

認するべきです。利用者や担当している業務や、提供されているサービスについての情報も含み、法定の機関やこれらと協働する第3セクターの機関によってなされるすべての個人的な記録は、もし彼らが記録を見たいと思った時、その内容が使用可能な状態でなければなりません。そしてもし専門職が（一般的にそれが第三者に伝える情報、もしくは第三者によって提供された情報であるため）情報提供を差し控えたいと思っているなら、厳しい規則があります。良い実践は、要求されるまでもなく記録を共有することから生まれています。そして、良い実践は、特にケース会議や多職種間会議などで専門職から提供される報告や、こうした会議で作成される記録などから生まれるのです。

練習問題 4.1

　あなたの専門職団体や機関、そして地方子ども安全会議のいろいろなガイダンスを探してみてください。記録の保護に関する政府のガイダンス「情報共有　実践者や管理者のためのガイダンス（DfE, 2008）」がとても役に立つと思うのではないでしょうか。これは子どもと大人のサービスで働く最前線の実践者のために出版されています。この実践者たちは個人情報をケース毎に共有するかどうかを決定しなければならない人たちでもあります（『ともに取り組む』, 15項）。

　どんな実践やガイダンスの規定が、あなたの要支援児童や家族との仕事を支えてくれると思いますか？　それらは、あなたやあなたと働く人々にとって利用しやすいですか？

　要支援児童や家族とともに働く専門職としてのあなたの役割について、またあなたが働く環境について、あなたが注目する必要があると思う追加的な倫理上・行動上の問題がありますか？

練習問題 4.2

　あなたの実践領域に合う実践規定や専門的なガイダンスをフォルダーにまとめてみてください。そして、あなたのサービスを利用する人に対して使えるリーフレットも加え、彼らに記録の方針や、記録を

見ること、苦情対応過程、彼らが期待して良いサービスの質と種類を説明してみてください。

　あなたが安全で、倫理的で質の高いサービスを提供することができるようにするため、あなたの雇用者が遵守すべき、健康や教育やソーシャルケアスタッフなどの雇用者のための実践基準はありますか？

　その仕事があなたの能力を超えているかどうか判断したり、またなぜあなたがその仕事を引き受けられないのかを当局のなかで説明するかどうかを決めたりするためには、あなたが選んだ専門職のなかではどんなルートがありますか？

　情報が他の専門職の同僚と共有されるべきではないという場合はありますか？

練習問題4.3

　アーチャー家の概要を見てください（第2章事例1）。

　ジーンは子どもセンターのファミリーサポートワーカーの定期訪問を受けています。彼女は言語療法士と会うためケビンと一緒に子どもセンターに行っています。しかし他の母親たちが「少し鼻持ちならない」ので、どのグループ活動にも参加していません。ビリーは、ワーカーが行く時はいつも外出してしまい、歓迎しないコメントをしばしば口にしていたのですが、ワーカーが時には必要な人であることはしぶしぶ認めています。保健師や言語療法士（ならびにセンターのチームの一部のスタッフ）との協議の後、サポートワーカーは家族はもっと統合されたアプローチ（地域の共通アセスメントの枠組や早期支援過程などを使ったもの）で支援される方が良いことをジーンに示唆しています。ジーンはビリーに聞かなければならないと言い、その後彼はいやいや同意しています。なぜなら、そうすることで彼らの一家がストレス下にいることを、学校や住居局が一層認識してしまうようになると思ったからです。ワーカーや保健師、言語療法士とジーンは、アセスメント枠組を実施する日程（assessment framework referral schedule）を調整し、「家族の周囲のチーム（term around the family）」が

ジーンとセンターで面会しました。ビリーは行きたくない、そして子どもの面倒を見るため家にいたいと話しています。家族の周囲のチームのメンバーというのは、GP、保健師、言語療法士、ファミリーサポートワーカー、住居支援ワーカー、そしてそのセンターに所属する福祉給付金ワーカー（welfare benefits worker）などです。会議はうまく行き、ジーンとビリーは慈善組織から借金を無くすための資金提供を受けたことによって、ことのほか勇気づけられました。サポートワーカーは、家のなかをきれいにする良い習慣をジーンが持てるように支援することになり、そしてビリーはセンターのボランティア（父親グループからの）による子どもの部屋を飾る手伝いの申し出を受け入れています。

　4か月後、家族がなんとかうまくやっているように見えたころ、風邪を引き、よく泣き、そして寝ないブライアンをGPに連れて行ったジーンが突然泣きだしてしまいます。最近ビリーがカッとして、ブライアンを抱いている時自分を突き飛ばしたと彼女は話しました。彼女はGPに臀部の打撲あとを見せましたが、ブライアンはソファーに落ちただけでケガはしていないと話しました。彼女は自分が話したことをビリー（や家族の周囲の他のチーム）に伝えてほしくないと言いました。なぜなら、ビリーは夜間働く新しい仕事に馴染んだばかりなのですが、ブライアンの泣き声で彼を起こしてしまうのは一時的なことと考えているからとのことでした。また、問題の一部は、彼ら2人とも妊娠を恐れていて、性生活がうまく行っていないことにもあるとも話しています。そして彼女は避妊の助言を求めています。

　このシナリオは、GPの診察の観点で作られています。しかし、ジーンはこれを家族メンバーの周囲にいる他のチームの誰にでもに伝えることもできたはずです。あなたは、あなたの専門性や機関の立場で次の質問に答えてみてください。

　ビリーに言わないでくれというジーンの希望にどう答えればいいかを決める際、または、家族のための会議（ジーンはいつも参加し、時々ビリーも参加するもので、その記録は取られその会議に参加するすべての

人に提供される）に関わっている近い立場にいるチームに諮る際、どんな倫理的行為規範をGPは考えておいた方がいいでしょうか？「必要最小限の範囲」を基本とする考え方の下で、GPがコンサルの際に聞いたどんな情報が誰に提供されるべきだと思いますか？　情報提供を次の会議まで待つことができるどうかの判断について、またブライアンが深刻な危害にあうリスクにあると思われるかどうかのアセスメントのため、子どもサービスに通告しなければならないか否かについて意志決定する際に、GPはどんなことを考えておかなくてはならないでしょうか？　もしGPが通告することを決心したら、GPはジーンの許可をまず求めたり、自分は通告する責任があることを話すでしょうか？　またはGPはジーンに対してこうしたことを計画していることを何も話さないまま通告するでしょうか？

練習問題4.4　最初は1人で、次に（可能な場合）グループで

　ライダー家の物語を読んでみてください（第2章事例2）。仮にあなたが地域精神科看護師（CPN）だったとして、またはマーゴットが信頼している子どもの周囲にいるチームメンバーだったとして、この問題に答えてみてください。

　ネイサン・ライダーは、子どもと青年の精神保健サービスにカウンセリングのためつなげられていました。そしてCPNと毎週カウンセリングをする約束をしています。ネイサンのための「子どもの周囲にいるチーム（team around the child）」は、3か月毎に会議を開き、その会議にはネイサンや母親、彼の里親、ソーシャルワーカー、精神保健看護師、心理士、担任教師、彼の母親の保護支援ワーカーが参加しています。

　保護登録開始後3か月したころ、そして5回目のカウンセリングの約束のあたりで、ネイサンはCPNに人生は生きて行く価値が無いと考えていると話しています。彼が家族のなかのあまりに多い軋轢の原因となっていること、彼は父親に会いたいが会うことはできないこと、そして深刻に自殺を考えていること。彼は自殺を実現するための

いろいろな方法を考え出し、そしてその最善の方法をインターネット
で調べたりしています。彼は首吊りが最も良いと考えています。彼は
チャイルドラインに電話して自分の人生がどんなに希望がないのか
長々と話したりもしています。彼と話をした担当者は、追加的な支援
を受けるため、彼が信じることができる人に話をすることを勧めてい
ます。彼は、CPNに彼の母親や父親には話さないように頼んでいま
す。彼がどう感じているのかについて里親やソーシャルワーカーとは
話せる関係でいたいとも言っています。CPNはこれは単に援助を求
めるためだけの叫びではないと感じています。

　なぜ若者や傷つきやすい大人は、援助チームのメンバーより守秘義
務が保障されたヘルプラインに連絡をするのでしょうか？

　ネイサンの支援を始める前に、CPNは守秘義務やケース記録の方
針について何を彼に話すでしょうか？

　ネイサンの自殺願望をCPNは誰に話せばいいでしょうか？

　彼の親や里親に話すのが重要であることをCPNはネイサンにどの
ように話せばいいでしょうか？　また、いつどのようにこのことが行
われるべきか、ネイサンの希望に合う余地はあるのでしょうか？

協働実践と専門職連携教育の重要文献

Beckett, C. and Maynard, A. (2005) *Values and Ethics in Social Work: an introduction.* London: Sage.

The College of Social Work. (2013) *Code of Ethics for Social Workers.* London: TCSW. Available at: www.tcsw.org.uk/uploadedFiles/TheCollege/Members_area/CodeofEthicsAug2013.pdf

Cossar, J., Brandon, M., Bailey, S., Belderson, P., Biggart, L. and Sharpe, D. (2013) '*It takes a lot to build trust'. Recognition and Telling: developing earlier routes to help for children and young people.* London: Office of the Children's Commissioner.

Cuthbert, S. and Quallington, J. (2008) *Values for Care Practice.* Exeter: Reflect Press.

GTCE, GSCC and NMC. (2007) *Values Supporting Interprofessional Work with Children and Young People.* Available at: www.ucet.ac.uk/downloads/227.pdf

Her Majesty's Government. (2015) *Information Sharing: advice for practitioners providing safeguarding services to children, young people, parents and carers.* London: TSO.

Her Majesty's Government. (2015) *Working Together to Safeguard Children: a guide to safeguard and promote the welfare of children*. London: TSO.

Howe, D. (2012) *Empathy, What It Is and Why It Matters*. Basingstoke: Palgrave MacMillan.

National Society for the Prevention of Cruelty to Children and Royal College of General Practitioners. (2011) *Safeguarding Children and Young People: a toolkit for General Practice*. London: RCGP.

Nursing and Midwifery Council. (2015) *The Code: standards of conduct, performance and ethics for nurses and midwives*. Available at: www.nmc-uk.org/Publications/Standards/The-code/Introduction/

Parton, N. (2011) Child protection and safeguarding in England: changing and competing conceptions of risk and their implications for social work. *British Journal of Social Work*. 41: 854–75.

5 協働実践の知識基盤

要　約

この章では、複雑な困難を抱えている家族と専門職や機関の境界を越えた理論的な実践と調査に関する文献を要約することとします。ともに取り組むことの潜在的な利点についてどんなことが書かれてきたか、そして実践の「現実の世界」で遭遇する共同の取り組みを成功させる挑戦についてどんなことが書かれてきたかについて考えていきます。研究者によって指摘されてきた家族にとっての潜在的な損失と利益についても改めて吟味します。また、私たちは効果的な合同の取り組みのための現在の挑戦についていくつかの特別な問題も調査しています。

多職種間実践に関する多くの調査や出版物は保健の専門職の観点から書かれていたり、利用者や患者やサービス利用者のグループをまたいだ多職種間実践のための学習に焦点化されたりしています。

要支援児童や家族と協働した取り組みについて特に焦点化しているのは、実践に関する研究者や、学術著述家や評論家の一部だけです。入手できるこうした文献は、政策の問題を扱い、そして不適切な関わりが懸念される場合の専門間または機関間実践に特に焦点化しています。近年では、英国全体で、家族のストレスが最初に明らかになった際のいろいろな専門や諸機関をまたがった協働実践に関心が集まっています。

第1節　政策次元

機関と専門職の境界を超えた合同の取り組みに関する政策についての調

査や実践の文献量は増えています。しかし、要支援児童や家庭へのサービスに特に焦点を当てた協働実践の効果に関して、土台となる理論、実践のアプローチ、調査について書かれたものの数はまだ多くありません。

　第1章で、私たちは、要支援児童や家庭の福祉を増進し安全にするためパートナーシップで取り組むことの重要性を強調した政策報告書や、法的なそして公的なガイダンスを紹介しました。ロジャー・スミス（Littlechild and Smith, 2013, p.13）は（保健や福祉まで幅広い、様々な年齢グループの例を挙げて）次のようにコメントしています。「協働実践が望まれていることはあたかも信仰の問題のようになりつつある」。対照的に、深刻事例の再検討は、早期支援や後期のステージでの介入に当たって協働しなかったことがどのような悲劇的結果をもたらしたかについての悲惨な例を明らかにし続けています（Brandon et al., 2009; Sidebotham, 2012）。

　サービスの過程における「早期支援」についていえば、政府報告のシリーズや白書やガイダンス（DfEs, 2004; DCSF, 2010, Allen, 2011; Munro, 2011; DCLG, 2012）は、（「普遍的道筋」と時々呼ばれている）すべての家族に対する早期支援の提供や、あるいはより深刻な困難を経験していることが明確で「目標を定めた援助」が必要な家族に対する早期支援における機関間や多職種間実践の役割を強調しています。第1章で参照した政府出版物は統合されたサービス供給へのいくつかのアプローチの例を示していますが、これらはどちらかというと実践より政策に焦点を当てています。これらを引き継いだ、統合された子どものサービスチームにおける強みや挑戦についての詳細な調査が、アニングAnningら（2010）、ならびにヒルHillら（2012）やフォウリーFoleyとリクソンRixon（2014）らがまとめた章に記述されています。

　協働をより効果的なものにするという2004年法の目標達成への進展が遅いことについて、ピーター・マーシュPeter Marshは彼の重要な2006年の論評のなかで、特に保健サービスについては最前線の実践者ではなく、政策決定者やサービス計画者のせいであると批判しています。その上で子どものサービス政策決定と大人のそれとを比較しています。

高齢者のサービスにおいて、保健やソーシャルワークの結びつきは、通常の政策開発の主題となっています。しかし子どものサービスのなかにおいては、明白な失敗が発生した時に注目される形で、あたかもとりわけ突然思い出したような形で扱われています。

しかし、多様な注目が集まっている時期にもかかわらず、また専門職やサービス利用者の意見にもかかわらず、要保護児童や社会的養護児童、危機状態にある児童を、［一般の子どもたちを対象とした地域でのサービス等の］プライマリーケア信託基金の政策領域で対応してしまおうとするような無理な努力があいかわらず続いています。

（中略）多職種間で取り組む必要があります。しかし、多職種間の取り組みをどんな形態で、誰に対して、いつ行うか、それはどんな成果があるのかは明確でありません。人々は直接的にともに取り組む必要があるのか？　人々は関係機関につなぐためのより良い知識が必要なのか？　誰にどんな知識や技能が必要なのか？　「専門職はともに取り組むべきだ」という完全に感覚的な主張によって起きた熱意のもとでは、これらの重大な詳細事項はしばしば無視される可能性が高いのです。しかし、基本となる原理が健全であるからといって、問題の特質やいろいろな提案された解決策の効果についての、十分でより高度な分析を行う必要がないというわけではありません。

(Marsh, 2006, p.150)

同様に、イモゲン・テイラー Imogen Taylor とその同僚が、子どものサービスのなかでともに取り組むことの学びを分かち合うための機会について書いています（2008, p.33）。彼らは下記のようにコメントしています。

透明性、そして子どもサービスでの統合された実践を構成する要素に対する合意、ならびにこの問題についての調査が欠如しています。「統合されたサービス」が統合された価値、文化、または統合された役割や機能につながるかどうかは、実際にはとても不明確なのです。

多くの議論はヴィクトリア・クリンビエVictoria Climbieの死の検証をしたラミング・レポートに端を発しています。ラミング（2003）は2004年法に書かれている要請に気づきました。地方当局が子どもトラスト（Children's Trust）を創設し、よく使われる用語「つなぎ目の無いサービス」を保証するため最も支援を要する児童や家族にとりわけ焦点化するようにという要請です。彼らがこの目的を確実に達成できるようにするため多様な仕組みが使われました。試験的なプロジェクトのための政府の資金提供や、「共同出資」、または複数の機関の法定機能部分の活動等の促進（例：障害児またはターミナルケアの子どものためのレスパイトケアなどと同様、警察と子どもサービスの間で、また保健と子どものソーシャルケアとの間で）などです。子どもトラストの説明や評価についてはバックマンBachmanら（2009）を参照してください。

　この時、法律の後押しで2つの「合併」が実施されました。1つは地方当局の教育サービスと子どものソーシャルサービス部局の統合でした。そのほとんどの場合、社会的ケアサービスの大人と子どもの間での分断という結果となっています。もう1つは、多くの地域で行われた、精神保健ソーシャルワークチームの保健サービス精神保健トラストへの移管です。

　イングランドでは、2010年の政権交代後、統合されたサービスを達成する構造的な変化は、（英国のその他の国では継続した変化が進んでいるにもかかわらず）あまり重視されていません。「子どもトラスト」の役割や、共同で資金提供された専門間のチームの役割を重視していたのが、子どもの保護サービスの機関間調整のための仕組みへ大きく依存するようになり、そして地域子ども安全委員会の役割と責任が一層強化されています。

第2節　協働実践に関する調査や評価からのメッセージ

　要支援で目標を定めたサービスが必要になった家族へのサービスを評価する調査報告や学術論文が増加しています。しかし、これらのサービスは、しばしば資源が不十分であり、つぎはぎだらけで短期間であることを意識

しておくことが重要です。資金面でのカットが必要な時、地方政府や当局はしばしば重要な介入をカットします。

　うまく行っているように思われる証拠（エビデンス）が豊富なプログラムが多く存在する一方で、それらは提供するのにお金がかかったり、対象を絞り込みすぎることで実際は実行できなくなっています。多くは、政府の契約や十分な公的寄付による資源提供に依存する第3セクター組織によって提供されています。

　サービス提供のためのアプローチ評価の失敗は、多くの良いアイデアが全国規模で提供される調整されたプログラムに生かされていないことを意味しています。長い期間そうした家族に焦点化してきた持続的な政治的意思は、要支援家族に明確に関係していることであっても、その時の政府の気まぐれにより影響されてしまうのです。

　機関間や多職種間の取り組みに関する記述や分析が明確に行われているのは、子どもと家族に関する調査研究や実践テキストのほんの一部です。多くはこのテーマに関しては短い記述しかありません。これらは、機関間そして多職種間の効果的な協働がより効果的なサービス供給やより良い成果を生み出すという仮説からスタートしがちです。これは、非常に多くの事例において協働の欠落がとても貧弱な成果に結びついているという証拠（エビデンス）を見ればわかります。

　イングランドでは、イモジェン・テイラー Imogen Taylor（2008, p.22）らが、提供されたIPEプログラムを利用した子どものサービスでの協働の取り組みに焦点を当てた調査が不足していることについてコメントしています。

　　　公表された調査が無いことは、成果に関する確固としたエビデンスが不足していることを示しています。事実、エンドユーザー（子ども、若者、その家族）のための成果はめったに議論されません。

　ピーター・マーシュ Peter Marsh は、この領域の英国での実践基盤の調査の不足は、全般的にソーシャルワークに関する調査が大きく不足してい

る問題の一部であると指摘しています（もっとも、彼がこの結論に到達して以来、プライマリーケアの調査のための政府の資金も実質カットされてしまったのですが）。

　　　プライマリーケアとの比較は有益です。2002/2003年度のプライマリーケアの調査に関して大学では研究者1人当たり20,409ポンドの助成金を受けていましたが、ソーシャルワークに関しては9,159ポンドです。
　　　　　　　　　　　　　　　　　　　（引用：Fisher and Marsh, 2003）

　こうした仮説について批評する著者もいます。すべてのケースで良い協働が必要であるという結論を主張したり、統合されたサービス供給システムは良い成果を上げるなどの主張について、疑わなければならないといっています。調査研究では、多職種間の取り組みは複雑で、達成することが困難になり、経費もかかると論じています。そして適切なケースでは単一の専門的な取り組みの方がより効果的に成果を達成することができます。こうしたなか、グリソンGlissonとヘメルガンHemmelgarn（1998）は、より良い調整を実現するなかでのサービスの再編の効果に関してアメリカでのエビデンスを再検討して、以下のように記しています。

　　　大規模なシステム調整よりむしろ地方組織の雰囲気（少ない葛藤、満足感、多職種間の役割の明確化などを含む）の方が、より良い地域子どもサービスやより良い子どもの成果に結びつくことが研究の結果示された。

　こうした発見に注目が集まるとともに、子どもトラストの試行事業（『どの子どもも大切』の発行後、子どもサービスの協働の改善のために始められた）（Bachmann et al., 2009）の評価者たちが、権限と供給を分離した統合システムでは、ケアの責任の大きな拡散が起こる可能性にも注目が集まっています。彼らは、試行事業の導入後の子どものウェルビーイングの改善について明確に測ることはできなかったにもかかわらず、「子どもや

若者のための成果について、子どもトラストの開拓者が影響を及ぼしうるということを示唆する地域のエビデンスが現れてきている」という仮の結論を得るため、統合的なサービスを設立した人たちへの質的インタビューを基にして報告しています。

英国については、マクラフリン McLaughlin（2013, p.51）が、多くのケースでは多職種間の取り組みは必須で、多くの他のケースでも望ましいという一般的な意見には同意しています。しかし、彼もまた政策的文書や実践報告の詳細な分析によって下記のとおり結論づけています。

　　「パートナーシップ」「エンパワメント」、このケースでは「多職種間連携」などの用語は、我々の公の政策論議のなかで、「母の愛とアップルパイ」のような形で唱えられています。（中略）実践とは多職種間実践ばかりでなく、（中略）我々は単一専門職実践にはまだサービスの提供の上で役割があることを再確認する必要があります。

ウッドマン Woodman ら（2014）は、家庭医（GP）王立大学の推薦に応えて設置された家庭医（GP）会議の実地踏査による研究結果をレポートしています（NSPCC and RCGP, 2011）。時々、安全会議（safeguarding meetings）として紹介されるこの会議は、プライマリー保健ケアの専門家が要支援児童や家族に関する懸念を討議する機会や、親と子どもへの調整されたサービス供給の試みを提供する場として実施されています。彼らは、この会議は、いまだルールというよりその例外であり、様々な実践のなかで非常に多様に実施されていると特記しています。彼らは、会議は出席者がプライマリー保健ケアチームに限定される時、ただし家族に関し使える強固な情報システムがある場合に最もよく機能すると結論づけ、そして質的のみならず量的情報を提供する多くの研究が実施されることを推奨しています。

子どもの保護の取り組みに注目すると、文献レビューであるハレット Hallett とバーチャル Birchall（1992）、そしてハレット Hallett（1995）らの実践での協働的な子どもの保護に関する最初の大規模で詳細な研究があり

ます（GPや保健師、小児科医、専門警察官、ソーシャルワーカーと教師など339人が参加）。彼らは協働実践を確かなものとするための4つの主な仕組み、つまり子ども保護登録、子ども保護会議、手順についてのガイダンス、そして地域子ども保護委員会に焦点化しました。子どもを保護する上での協働の必要性は、どの点から見ても政策やガイダンスの責任者が求めるものと同じぐらい広く認められていることを明らかにしています（Department of Health, 1995, p.70）。

　この詳細な調査（影響力の大きい子ども保護調査に関する保健省要約(1995) にまとめられています）は、協働がうまく行ったケースの例を明示しています。しばしば、子どもの生活に関わるのみならず終結するすべての専門職、特に子どもの保護会議に関しては、下記の点について明確にしています。

　　専門家の力動的なグループ化という保護委員会の理想と、権威と明確な展望を欠いた遅くて厄介な産物という現実との間には、埋めなければならないギャップがあります。　　　　　　　　　　　　（前掲書 p.72）

　何が多専門の子ども保護チームのキーとなる仕事と役割を構成するのかについての合意がほとんど無いことを認識したことから、キスティンKistinら（2010）は最近、これらのキーとなる構成要素についての合意を明確にするため専門家との研究を企画しました。効果を上げるため極めて重要なものは、機関間協働、地域資源の供給量、チームの同僚関係についてでした。

　この時期からの子どもの保護過程への親の関与についての小規模な研究(Bell, 1999; Brandon & Thoburn, 2008) や、深刻事例再検証（Brandon et al., 2009）は、手続きを改定したにもかかわらず、これらの会議の効果は要求レベルには届かなかったことを示しています。

　この本で焦点を当てている子どもや家族との、機関間システムと協働実践に関する調査をまとめます。

　・多職種間の取り組みが、親や子どもにとってより肯定的な成果を確か

に生み出すかどうかを明らかにすることは複雑な調査業務です。特に家族の周囲のチームのメンバーとしてのそれぞれの専門職の実践の質など、成果に影響を与える多くの他の変数が存在します。

・異なる種類のケースではどんなレベルの協働が必要とされるのか、どんな専門家が含まれるべきか、単一専門と多専門の取り組み相互の関係、そしてともに取り組む目標を達成するための多職種間実践特有の特徴は、まだ十分に解明されていません。

第3節　理論と実践の文献から見えてくる問題

ではこのテーマについて各文献の著者たちが対象にした問題を、以下の項で分類していきましょう。ただ、これらは重なり合っていること、そして協働の取り組みについてほとんどの著者はすべてもしくはその多くの問題について熟慮していることをお伝えしておきます。

サービス提供モデルと多職種間の取り組みの定義

本書の第1章では、機関間や多職種間という用語をどのように使っているかの輪郭についてまとめました。このテーマに関して著者たちが指摘するのは、用語の明確化です。例えば、異なる専門職同士の協働や、同じ機関のなかの専門職と准専門職もしくは訓練されたボランティア間の協働は、「多職種間の取り組み」となると思われます（例えば保健サービスユニットにいる障害児に焦点化された小児科医、小児科看護師、保健師、または里親支援チームにいるソーシャルワーカーと家庭支援ワーカー、あるいはCAMHサービスにいるCPN、心理士と子ども心理士）。これらは単一機関の取り組みの例ですが、多職種間実践の例ともいえますし、そうでないともいえます。

二番目の指摘は、協働実践のレベルについてです。アーンスタインArnsteinは1969年に、提供されているサービス内での、利用者による参加の梯子について書いています。親や子どもに提供される子どもの保護サービスにおける彼らの関与に注目し、我々筆者の1人がこのことについ

て調べたことがあります。一番下には「操作」（断じて「包含」ではありません）がありますが、その上には支援のなかで「情報提供を継続して受けていること」「包含すること」「参画していること」「パートナーとなること」が位置づけられています（Thoburn et al., 1995）。グラスビーGlasby（Glasby and Dickinson, 2008）は、機関がともに取り組む方法を探るため、同様の階層モデルを使用しています。情報の共有からはじめ、お互いの助言を通じて動き、調整された活動を行い、共同の運用と融合をともに行うという階層です。リザードLeathard（2003）は、多職種間協働のためのモデルを明らかにし再評価しています。このなかには、要保護児童として明確になった子どものための保健と社会的ケアサービスの間の、合同の取り組みについても含まれています。オデガードOdegardとストライプStrype（2009）は、多職種間協働を評価するためのステップとして概念枠組を提供しています。彼らのモデルは、個人的協働、グループの協働、組織的協働を区別し、それぞれを4つの構成要素に分けています。

　本書の焦点は、子どもと家庭への直接的な取り組みを行う、チームや個々の専門職たちの実践に絞られています。しかし、こうした文献が織りなすものは、保健と福祉の供給における「委託」や「混合経済」に関する幅広い文献へとつながっています。公的部門の専門職たちが多職種間や機関間の取り組み場面でのサービス契約の影響を理解しておかなければならなくなるなど、これらの新しいアレンジは協働した取り組みへのインパクトを増加させています。このことは、サービスのモニターをするために検査する人（ケアの質委員会＝CQOと、教育と子どもサービスと技能の標準のための事務所＝Ofsted）へのニーズも増加させています。選ばれたカウンセラーや保健当局の役割に頼ることや、公的部門と民間部門にまたがって質の確保を任せることは、もはや不可能になっているからです。

　NSPCCやバーナードス（Barnardo's）、子どものためのアクション（Action for Children）などの篤志的な機関の強力な役割と、保健領域におけるホスピス運動や個々の健康状態と関連したセルフヘルプ・グループがあることから、子どもと家庭ソーシャルケアサービスにおいて、供給のための「混合経済」はすでに長い伝統があるということができます。非営利

の社会的起業団体やフリースクール、そして特に営利の民間部門（子どもの施設ケアや、里親ケアの供給における）の台頭は、協働実践に一層の広がりを持たせてきています。地域の生徒の大多数がいる学校から遠ざかってしまうことで、教育専門職は遠隔地の保健やソーシャルワークの専門家と協働した取り組みをより頻繁に行わなければならなくなりました。また、こうした専門職を同僚として理解する機会を失うことになりました。

調査から見える協働の取り組みの成果と損失の可能性

1990年代後半の、シュア・スタート・チルドレンズ・センター設置に至る議論のなかで、「サイロ Silos」内に閉じこもった機関の取り組みについての問題、ならびに、家族に逆効果であり、効果的なサービス供給を妨げるとして知られている「いやな問題」が続いている理由について、多くの議論がされています。重複した取り組みが、最も効果的な地域資源の活用を妨げていることについては、緊縮財政の時代に、より活発に議論されました。すべての論者たちは、協働の取り組みの要素は必要で、ソーシャルケアサービスに通告された子どもには事実上避けることはできないことだと結論づけています。なぜなら、すべての子どもたちはプライマリー・ヘルスケアワーカーや GP と関わりますし、ほとんどの子どもたちはデイケアや学校に行くからです。ニック・フロスト Nick Frost（2013, p.134）はファミリー・サポート・サービスの研究から以下のように結論づけています。

　　　この研究のサンプルとなった家族は、伝統的な組織的な役割分担をまたがる様々な問題に直面していたように思える。こうしたことから、彼ら家族には多職種間アプローチが求められることになる。

第1章で見たように、複雑な問題のある家族や、特に不適切な養育について懸念がある時、法令や、ガイダンスによって協働の取り組みが求められます。何人かの研究者は機関間や多職種間の取り組みの長所と危険性ならびに効果的な協働への障害について、より詳細な探求をしています。そ

のすべてが、多職種間実践が子どもの成果にインパクト（肯定的、否定的の両方）を与えているというエビデンスが少ないということを指摘しています。しかし、家族に複雑な問題がある時協働的に取り組むことが重要である理由についても繰り返し指摘しています。

　サービス提供者たち、特に先行プロジェクトを立ち上げたり先導的な資金提供（例：子どもトラストや初期のシュア・スタート・センター）の恩恵を受けたりしている人自身から、肯定的な報告がしばしばなされています。協働実践の利点と落とし穴についての一般的な論説の問題点は、ネットワークでの協働から統合されたチームでの共同の取り組み（第1章参照）までの間のグラデーションのなかでどこに位置しているかが明確でないことです。協働の取り組みの受益者が機関なのか、専門職なのか、家族メンバー自身なのかについても必ずしも明確ではありません。

　家族介入プロジェクト（FIPs：Family Intervention Projects）（DCSF, 2010）の評価に基づくエビデンスは増えています。また、この家族や年長児童の個別の問題や何が自分たちにとって役に立つかという意見について取り上げてくれるような良いサービスを供給してくれた場合、彼らがコーディネイトされたサービスについて評価をする「困難家庭プログラム」[3]（Troubled Families programme）（DCLG, 2012）でも、評価に基づくエビデンスは増えています。効果的な協働の取り組みは、他の役割や専門性に対するより良い理解と尊重、固定観念の減少、早期につなぐ意欲などを促進しているというエビデンスも最近の研究は明らかにしています（Harlow and Shardlow, 2006; Frost and Robinson, 2007）。いくつかの研究は、専門家のコンサルテーションを使うことが確信できれば、複雑な困難があってもやり通す大きな確信につながると指摘しています（Thoburn et al., 2013, p.232）。

　　　私はそれが気に入りました。それは特別な経験でした。ここにきて

───────────

3）失業、借金、学校の出席不足と低学力、薬物、心身の健康問題、犯罪と反社会的行動、家庭内暴力や虐待などのある、そして、要保護児童がいると思われているなどの複雑な問題を抱えた家族全体を対象に、家族との合意された計画に基づき家族とともに取り組まれる英国政府のプログラム。2015年から2020年まで継続される。

取り組むこと、つまりサイロから出て、多専門での方法で取り組むためFRPの資源を持つことは、まさに天の恵みでした。始めようとするサービスの方向、つまり多分野チームで働くことを私に示してくれました（成人精神保健専門家）。

効果的な協働実践に重点を置くことで、様々な家族メンバーに関わっている専門職それぞれの高品質な実践の必要性という視点を喪失してしまう危険性を、その他の著者たち（Laming, 2003; Brandon et al., 2009のような深刻事例再検証の著者たちを含む）は明らかにしています。スミスSmith（2013, p.14）がいうには、

　……他領域の専門の同僚とうまく取り組むためには、自身の専門職としての目標や原則についてはっきりした自信に満ちた見方を持ち、維持することが必要になってきます。

これは本質的な出発点です。しかし、これは「家族の周囲のチーム」の他のメンバーにアプローチする際に基本となる仮説の理解と関連づけて考えなければなりません。このことを実現するために、運営管理者は、作業の準備や業務量のなかに、チームやネットワーク、コアグループでともに取り組んでいるメンバーの間で公式・非公式に相互作用するための余裕を確保し、アプローチの違いが十分に話し合われるようにしなければなりません（Brandon et al., 2009）。協働の取り組みのなかに意見の違いが起こった場合のために、運営管理者はそれらを解決する合意されたシステムを持っていることが必要になります。

　強い政策的な命令を伴っている場合、たとえ特定の業務が単一の専門職でより効果的に（費用対効果的にも）対応できる場合でも、合同で行うサービスをすべての局面で提供しようという誘惑が起こります。これに気づいたことによる実践の変化の例としては、不適切な養育の申し立ての際第47条に基づく照会を請け負う時に警察とソーシャルワーカー間で行われる共同業務のための手順書の作成がまず挙げられます。手順書は、どう

いう状況なら共同での家庭訪問が必要なのか、そして警察官またはソーシャルワーカーのどちらが親や子どもに初めに話をすることがより適切なのかを示すものです。

　要約すると、協働実践を支持する専門職や家族メンバーからの多くの意見とともに、主な危険については調査研究や深刻事例再検証から下記のとおり明らかになっています。

　多職種間の取り組みは、

・会議への低い出席率や「自分たちだけのことを行う」という専門職たちの意識が続いていることなどが原因して、しばしば不十分な運営がされます。

・不十分な地域資源（例：定められた臨床役割を果たすための会議への参加に対応した代替職員補充の費用）や、会議で使える部屋の不足などのため、効果的でなくなります。

・もし、コミュニケーションでの守秘性（例：家族メンバーとGP、ユースワーカー、保健師の間で）が尊重されず、感受性を持って行われなかったら、多職種間の取り組みは、信頼を失墜させ、「第一層 Tier 1」を担当する専門職たちが焦点化されたサービスにつなぐことに遅れが生じてしまいます。

・キーとなる業務がチームの他のメンバーによって扱われるだろうと推測してしまうことにより、結果として責任が曖昧になり、それらを達成できなくさせてしまいます。

・実際とは矛盾する、専門職の地位の形式的な平等を重視します。子どもの保護協議のような多職種間の会議の時にこうしたことが起こります。最も家族の状況を知っている人（ファミリー・サポートワーカーなど）が、自分の意見より子どもや家族と話したこともない高い地位の専門職の意見の方が重く受け止められていると思うのです。

・彼らの特別な専門職的責任を果たすというより、良いチームメンバーになろうとするチームメンバーたちとの「チームのおしゃべり」になってしまいます。そして、多数派の意見と異なる意見があっても思い切って言うことを避ける事態が発生してしまいます。協働実践は

「専門家の利益のために機能し親や子どもの利益の障害」になってしまうリスクを伴っています。

これらの著者は、「共通の目標を共有しているように見られたいというワーカー側の意欲と、関係性をうまく保ちたいという意欲から」家族メンバーの意見や関心を排除してしまうような、専門職間で進むなれ合いの例を引用しています。同様にマクラフリンMcLaughlin（2013, p.54）は下記のとおり言及しています。

　　ともに取り組む機関の必要性の陰で、多職種間実践の受益者が見えなくなることがとても頻繁に起きます。成果に焦点を当てることやサービス受益者のニーズに合致させることを犠牲にして行われる「良い」機関間実践によって、成功か否かが判別されるのです。

多職種間や機関間実践を運営あるいは調査している者は、協働実践の子どもや家庭のための良い成果を達成する役割と、反対に作用する役割の両方にもっと注意すべきだと指摘しています。また、少しでも効果的な協働実践に関連していると思われる特別な側面や実践に、もっと注意を払わなければならないという共通の結論を導き出しています。親や子どもが効果的な協働から多くを得る一方で、ともに取り組むこと自体が望ましい目標となってしまい、要支援児童や親へのより適切なサービスを終わらせるための手段でなくなっているとすれば、彼らは不利益を被ることになります。

これらへの挑戦のための可能な方法は、第6章で検討します。

こうしたアプローチの違いが、協働の取り組みを妨げているわけではありません。なぜなら、それは多職種間の取り組みにとって重要なものの核になるからです。文献は、彼らがどう利用すればいいのか、どうすれば否定的なインパクトを最小化できるかの例について明らかにしています。これについては第6章でもっと詳細に触れます。

振り返り練習問題 5.1

協働の取り組みの強さと考えられる落とし穴

第２章の事例から１つ選んでください。そして、もし効果的な協働の取り組みが達成できた時、親や子どもに起こるであろう利点をリスト化してみてください。

振り返り練習問題 5.2

「子どもの周囲のチーム」アプローチの流れのなかで「単一専門職実践」がどんな時なら適切なのか考えてみてください。第２章の事例は、多職種間実践がサービスの重要な構成要素であると思われることを理由に選ばれています。あなた自身の担当業務地域で、「単一専門職実践」がニーズを明確にするようなことがありましたか？　また、特定のニーズを発見することが可能な他の専門職が加わらずに、１つの専門性で対応することができたサービスの概要を事例のなかから示せますか？

専門職個人の実践に関する問題

専門職個々の協働実践に関する実践書や調査文献のなかでの議論はほとんどの場合、異なる「業務形態」の分析や、ストレス下や深刻な体調不良下の子どもや家族を援助するためともに取り組む多様な専門職の訓練や議論の基盤となる仮説に重点を置いています。ソーシャルワーカーや保健師、職業セラピスト、ファミリー・サポート・ワーカー、そしてGPたちなどの多職種のチームやネットワークのメンバーの一部は、自分たちのサービスについて優先させた全体的アプローチを行います。彼らは、家族の生活に影響を与える多種の事柄について、多くのことを知っていると見なされています。その他の人たち（救急医療コンサルタントがいい例ですが）は、専門家の領域や実践について多くのことを知らなければなりません。クロフト Croft（2013）は、緩和ケアサービスについて検討するなかでこの問題を探っています。役割や知識基盤が全体的であればあるほど、その専門職が貢献できることが何なのかを明確にすることが一層難しくなるというも

のです。ソーシャルワーカーは自身の貢献をはっきり説明することができないという、ソーシャルワーカーに対する批判が、より明確に定義された役割を持つ同僚たちから時々聞かれます。このことは、その部分的な説明ともなります。これは特に経験の浅いソーシャルワーカーが子どもの保護ケースのキーワーカーの役割を与えられた場合には非常によく起こることです。

パートンParton（2011）は、ソーシャルワーカーの子どもの保護命令のなかでの「ケアとコントロール」の構成要素について、一層詳しく調べています。

> こうした複雑な義務を果たすため、ソーシャルワーカーはいつも潜在的な両立することのないかもしれない多くの要求の仲立ちをしようとしてきました。なぜなら、ソーシャルワーカーはいつもケアとコントロール、エンパワメントと規制、子ども個人の福祉の増進と安全の双方に関係してきたからです。

例えば、家族の困難について社会的または心理社会的なアプローチで取り組もうとしているソーシャルワーカーが、医療モデル視点から基本的にケースを見る救急医療コンサルタントの視点から問題を見ない場合、もしくはその逆の場合、コミュニケーションや目的や目標のずれの問題が起こります。ある者はより長い期間での「援助」を、そしてまたある者は「手当」と「治療」を強調するでしょう。里親委託が崩壊する危険を避けるため里親家庭のストレスを減少させることに重点を置くソーシャルワーカーに対し、教師は援助を受けている青年の望ましいゴールとして、より高い教育的達成度の方を期待することがあります。

練習問題 5.3

あなたの担当地域で、共通アセスメント枠組の一環として設定された会議が、どう実践的にうまく実施されているかについて討議する多分野のワークショップの場にあなたはいます。他領域から来た同僚に

あなたの業務で使う仮説や価値について、そして家庭内虐待の親や子どもを援助するためあなたが使うスキルについて説明してください。

境界の問題と専門職の地位と権限の問題

　境界の問題は、機関の境界や、あるいは専門職の役割と実践の境界などに関係します。前者に関連するものは、目標の影響であり、予算調整に貢献している主要業績評価指標（KPIs）、そして多様な機関・サービスの各種の監査体制などです。より大規模なサービス統合に対する政府の課題に関して、マーシュ Marsh（2006, p.150）は、以下のように言及しています。

　　　権限や地位、技能や競合しているモデルに関する実践的違いと組織構造や計画モデルや財政システムなどの政策的違いから考えると、広く大きな影響力のあるリーダーシップが必要となります。

　アイリーン・ムンロウ Eileen Munro の子どもの保護に関する報告は、アセスメントの質や協働の業務や協働での訪問を行うための時間に関する障害として、最初のそしてコアとなる子どもの保護のアセスメントのための時間が短いことを明らかにしています。特に、個々の機関やチームが使える資源がカットされていくなか、会議に行ったり、合同インタビューを計画したり、資源を分かち合ったりする意志は萎えていき、協働の取り組みを嫌がっていると同僚たちから思われてしまいます。

　こうした不協和音は減ってきている一方で、専門職の間での一対一またはグループミーティングを観察してきた研究者たちは、特にジェンダーについては、こうした立場の違いがしばしばいつまでも続いていることについて言及しています。マクラフリン McLaughlin（2013, p.58）は、権限の問題を調査している著者の１人です。法令や法的命令に基づく役割から発生した、責任のための専門職的で管理的なシステムに権限は由来します。彼は以下のように結論づけています。

　　　多職種間実践とは、すべての専門職が同じ権限を持っているという

意味ではありません。異なる専門職によるグループは異なる任務を持っているので、実際上、権限の分割はとても難しいことです。例えば子ども虐待ケースでの犯罪の証拠の質の決定をすることはソーシャルワーカーや保健師の権限ではありません。

この平等ではない権限の分配の問題は当然ながら、家族メンバーが多分野の会議に参加する時に、さらに該当することになります。「ともに取り組む（Working Together）」では、「子どもの将来の安全と健康と発達についての意思決定をするために」家族メンバーと専門職がともに参加する子どもの保護会議について記述しています。これは役割の平等を示しているのですが、明らかに実際と異なります。家族メンバーは、計画の構成の討議に関わることになるのですが、公的な保護計画が自分たちにとって役立つかどうかについて意見を聞かれることはめったにありません（Thoburn et al., 1995; Bell, 1999; Cossar et al., 2011）。このガイダンスは、親や子どもの効果的な参加を実現する際の、専門家の出席者、特に議長に必要となるコミュニケーション技能やチームワーク技能を軽視しているのです。

リーダーシップに関する問題
特にリーダーシップに関して、権限と地位が問題となります。「ともに取り組む（Working Together）」（第9パラグラフ）は下記のようにいっています。

早期の援助のためのアセスメントは、子どもや家族を支援し、彼らのために代弁し、そして支援サービスの提供を調整する主担当の専門職によって行われるべきです。主担当の専門職の役割は、家庭医（GP）、ファミリー・サポートワーカー、教師、保健師や特別な教育的なニーズの調整者が担うことができるでしょう。誰が主担当の専門職になるかの決定は、ケース毎に異なるべきで、そしてその決定は子どもや家族にも伝えられるべきです。

リーダーシップやケース調整の役割・価値・技能について、文献のなか
では、多分野間のチームやネットワークのリーダーシップの見地から（家
族の周囲の共通アセスメント枠組（CAF）を基盤としたチームでの主担当の専
門職の役割や、子どもの保護計画コアグループのキーワーカーの役割などのよ
うに）、または公的な子どもの保護協議や支援児童再評価会議の議長を務
めることの見地から議論されています。また要支援児童や家族との多職種
間の取り組みに関する著作の多くは、指導力や、誰がチームリーダーの役
割を担うべきなのかに関する判断について触れています。

　通常の業務でリーダーとしての役割を担っている専門職たちは、子ども
保護会議の議長や保護計画の実施に関わる主担当の専門職として運営的役
割を普段担っている［他の］専門家を受け入れることに難しさを感じるこ
とがあるでしょう。このことは、抵抗行動や、会議への欠席、保護計画へ
の不参加につながる可能性があるのです。ミズラヒ Mizrahi とエイブラン
ソン Abramson（2000）は、ケースのなかでリーダーの役割を実際誰が担
うのかについて認識が異なる、医師とソーシャルワーカーの間の調整に関
する研究から次のことを明確にしています。68％のソーシャルワーカーが
自分たちがケースコーディネイターだと考えていましたが、一方で、ケー
スコーディネイトがソーシャルワーカーの役割だと考える医師は12％し
かいませんでした。

　この本のなかの他の部分で検討してきた効果的な協働実践のための価値、
知識、技能、訓練は、当然効果的なチームのリーダーシップにも関係して
きます。加えて、グループワークの理論や技能への熟知は、指導的役割を
果たすための訓練の不可欠な構成要素となります。

第4節　結論

　この章の結論として、私たちは導入部分の見解に戻ることになります。
多職種間と専門機関間での取り組みが強調され、傷つきやすさが多様化し
ている家族との協働実践が必要とされているのに、より良い協働実践に向

けた改善につながっているかどうかに関する研究がほとんど無いこと、また子どもや家族のためのより良い成果につながっているかの研究についてはさらに少ないことは注目に値します。いったん、公的な子どもの保護の仕事や特別な健康状態や障害に関する狭い領域から外に出ると、このことはより明白になります。フロスト（2013, p.139）は次のように述べています。

> 私たちは、こうした（調整された家族支援サービスを受けている）子どもや若者たちへの成果が劇的に改善されたことを明示する、十分で厳格な調査に基づく証拠（エビデンス）をまだ得るに至っていません。もし私たちがこうした要支援児童や家族の生活を改善するつもりなら、私たちが報告した調査が、継続すべき、発展すべき肯定的な方向を示しています。

予算は、家族の傷つきやすさと、多職種間や機関間協働に近年貢献している財政資源や技能のある人的資源の双方に提供されることが必要ですが、知識基盤の改善には、大きな予算を必要とする調査は必要ではありません。この取り組みに関わっているそれぞれの専門職は、働いている多分野間チームやネットワークへの自身の貢献の効果を評価する必要性と同時に、全体としてのチームワークの質についても理解するべきです。それには、チーム全体での貢献や、改善されたチームワークに関しての、親や子どもの意見への配慮も含まれます。

練習問題5.4

あなたが関わってきた家族、または第2章の事例の1つを取り上げてみてください。協働実践のどんな場面についてより知りたいと思いますか？　その実践場面について解明するため、あなたのチームによって、または調査研究によって探ることができる質問を考えてみてください。

142

練習問題 5.5

あなたが考える範囲で、要支援家庭へ向けられたプログラムや介入をなるべく多く挙げてみてください。そして、a）効果に関する根拠の強さ、b）それらの協働実践へ貢献している程度に関して、1（不十分）から 5（効果的）までで点数をつけてみてください。

協働実践と専門職連携教育の重要文献

Health and Care Professions Council. (2015) *Preventing Small Problems from Becoming Big Problems in Health and Social Care.* London: HCPC.

Hewitt, G., Sims, S. and Harris, R. (2015) Evidence of communication, influence and behavioural norms in interprofessional teams: a realist synthesis. *Journal of Interprofessional Care.* 29(2): 100–105.

Hood, R. (2015) A socio-technical critique of tiered services: implications for interprofessional care. *Journal of Interprofessional Care.* 29(1): 8–12.

National Society for the Prevention of Cruelty to Children and Royal College of General Practitioners. (2014) *The GP's role in Responding to Child Maltreatment: time for a rethink? An overview of policy, practice and research.* London: NSPCC.

Quinney, A. and Hafford-Letchfield, T. (2012) *Interprofessional Social Work: effective collaborative approaches,* 2nd ed. London: Sage.

Reeves, S., Zwarenstein, M., Goldman, J., Barr, H., Freeth, D., Koppel, I. and Hammick, M. (2010) The effectiveness of interprofessional education: key findings form a new systematic review. *Journal of Interprofessional Care.* 24(3): 230–41.

Thistlethwaite, J., Jackson, A. and Moran, M. (2013) Interprofessional collaborative practice: a deconstruction. *Journal of Interprofessional Care.* 27(1): 50–6.

Tompsett, H., Ashworth, M., Atkins, C., Bell, L., Gallagher, A., Morgan, M., et al. (2010) *The Child, the Family and the GP: tensions and conflicts of interest for GPs in safeguarding children May 2006–October 2008.* Final report February 2010. London: Kingston University.

Woodman, J., Gilbert, R., Allister, J., Glaser, D. and Brandon, M. (2013) Responses to concerns about child maltreatment: a qualitative study of GPs in England. *BMJ Open.* 3:e003894.doi:10.1136/bmjopen-20.

6 効果的な協働実践に向けて

要　約

これまで私たちは、法的な権限や法令と専門職のガイダンスに沿って、協働の取り組みを提供する、基礎となる価値や専門職の倫理についてみてきました。第5章では、要支援児童や家庭への、より良い成果を上げるための方法としての協働実践を支える証拠（エビデンス）について考察し、またその取り組みのいくつかについても見てきました。この章では、職種間や機関間協働を促進する最も適切な専門職の実践について考えていきます。

第1節　導入

　第1章では、それぞれの専門家や機関が、ストレス下にある家族へ適切な援助を提供するという幅広い権限のなかで、その特別な役割や業務を担うことについて、私たちは注目してきました。質の高い一つひとつの専門による実践を基盤に作り上げた場合、多職種間実践は成功するということを、私たちはこの本を通して強調してきました。そして、共有された価値と知識の両方による、また知識基盤と彼らのそれぞれの専門技能による情報提供があれば、家族や子ども個人の周囲を取り巻くチームのメンバーはすべて、専門職的な熟練したサービスを提供することができるという確信についても強調してきました。一方、保健とケア専門職協議会の近年のレポート（2015）は以下のように指摘しています。

　　専門職が、単一専門職の能力が必要とされる時というより、統合されたサービスのためともに取り組まなければならない時といえる。（中略）多職種間によるケア提供の現実は、最近理解されているよう

な単一専門職や、より高度な個人的な能力に対する主要な挑戦となっている。

この報告はさらに進んで、リンガード（Lingard et al., 2007）らの「チームワークはおおむね社会化（例えば観察と経験）を通して学ばれています」を引用しています。そしてリンガード（Lingard, 2012）は、以下のように述べています。

　特に能力は、個人が持っていたり持っていなかったりする質や能力として、一般的に考えられているため、これらの現実は、重要な逆説を生み出している。
a. 能力のある個人は、集まることはできるが、これまで通り無能なチームを形成する。
b. あるチームのなかで完全に仕事をこなせる人は、他のチームのなかではそうはいかないかもしれない。
c. 1人の無能なメンバーはいくつかのチームの職務上の障害になるが、その他には影響を与えない。

この章では、事例を使って、親や子どものための成功する協働や、短期間や長期間のより良い成果に貢献する実践アプローチや技能の詳細について考えていきます。

第2節　要支援児童や家族の援助のいくつかのアプローチ

要支援家族や子どもたちの周囲に作られたチームに対し、専門職の専門的な知識や技能を提供する多くの専門職の実践の詳細について考えることはここではしません。自らが最初から持っている、そして資格取得後の研修や実践経験からくる、知識や技能を持ってそれぞれの専門職は仕事に取り組みます。

要支援児童や家族や保護者の特別なニーズに対応するため組織された
チームやネットワークのなかで他者と協力する人たちは、一般的には、異
なる専門職の背景を持った同僚の役割や実践アプローチに慣れ親しむべき
です。この章では、実践や最も頻繁に使われる方法や道具への幅広いアプ
ローチについて触れていきます。なお、他の章で参考にしたキーとなるテ
キストは、一緒に活動する可能性が最も高い保健と社会的ケアの実践者の
仕事にアプローチするための早道として紹介してあります。

そうはいっても、すべての専門職が、家族のニーズや危険をアセスメン
トする主なアプローチの理解、そしてあなたの地域で使われているアセス
メントツールの強さと弱さの理解をすることがまず重要となります。こう
したツールは多岐にわたり、さらに地方の実践や地理に合うようしばしば
修正されます。ただ、共通アセスメント枠組（CAF）がイングランドで最
も使われています（「ともに取り組む（Working Together）」参照）。そして、
アセスメントのための「すべての子どもたちのための適切化（Getting It
Right For Every Child）」（GIRFEC）全国リスク枠組がここでも役に立つで
しょう（www.gov.scot/Publications/2012/11/7143/2）。また、オーストラリ
アの子どもの保護センターにおける異なったタイプの強さと弱さに関する
興味深い議論もあります（http://aifs.gov.au/cfca/publications/risk-assess-
ment-child-protection）。しかしながら、一般的には、前述したアセスメン
トの三角形が、他の英国の国々も同じく、早期支援（レベル2）と同時に
子ども保護段階、また子どもの保護措置の際の基本的な考え方として使わ
れています。懸念の種類別に、実践者たちは、ネグレクトが考えられた時
には段階的なケアの輪郭図（Graded Care Profile）を使うでしょうし
（Srivastava and Polnay, 1996; Srivastava, 2014）、あるいは性的搾取の危険の
アセスメントツールを使うでしょう（Derby Safeguarding Children's Board,
2012）。自分自身のツールを使ったり新たに開発したりした実践者もいま
す。つまり、課題に別の多くの形態のツールがあるのです。バリー Barry
（2007）によって行われたアセスメントツールの国際的な再評価のなかに
この問題についての記述があります。こうしたツールを開発している組織
のいくつかは、それさえ使えば大丈夫であると主張しています。しかした

いていの研究者は、これらは専門職の判断を助けるものの、それだけで十分ではなく、家族のアセスメントに対してチェック・ボックスアプローチに陥ってはならないと考えています。

　いくつかのツールの困難な問題としては、大量の情報の収集に終わってしまい、集められた情報の分析をする点において弱点があり、疑い、意見、間違いの間に必ずしも適切な区別がされておらず、優先順位やサービスの構成を示すことがうまくできていないということです。ニーズや危険についての概要を明らかにするのと同時に、必要とされるサービスの適切な強さや期間、誰が家族の周囲のチームのキーメンバーになればいいのか、そして誰がチームのコーディネイターやチームミーティングの議長になれば良いのかの分析を、アセスメントによって明らかにしなければなりません。早期のより高度で集中的なサービスが問題の拡大を避けることができることを適切に理解していない例や、支援が短期間で終わってしまい支援の進展に対しフォローアップがうまくできていない高度で集中的なサービス（例えば、集中的なアウトリーチ・サービスや、短期的なマニュアル化されたプログラムに基づくサービス）の例など、調査や評価文献のなかには多くの例が示されています（Thoburn, 2009。また、行動上の問題を持っているティーンエイジャーのための多システムによる里親養育の評価についてはBiehal et al., 2011 のものを参照してください）。

　ストレス下にある親や子どもとともに取り組むための多様なアプローチに目を向けると、専門の違いにより、保健専門職は実践について専門家・医学モデルを選びがちな一方で、ソーシャルワーカーは参加型アプローチを選ぶ傾向にあるということに注目した著者もいます（例：Carpenter, 2011）。このことは、言葉の使い方でも違いがあります。保健の専門職は「介入」という言葉を使う傾向にありますが、ソーシャルワーカーやコミュニティワーカーもしくはユースワーカーは「援助」「支援」「エンパワー」そして「権利基盤の実践」という言葉を使う傾向にあります。これは専門職の持つ方向性がその理由の一部だと思われます。医師や精神科医や、その他の保健専門職は特に生物医学的な方向性を持つ訓練や教育を受けてきています。そして自分自身を自然科学者として認識しています。一

方、特にソーシャルワーカーや多くの看護師や保健師、教師たちは自らを社会科学者と認識しています。現実は極めて多岐にわたっているのに、「保健の専門職」として異質性のある1つの旗の下にまとめられることが少なくありません。興味深いことに、大学では看護学部は時々医学部と同じ校舎を使っています。また社会科学やソーシャルワークと同じ場合もあります。1つの形態がすべてに当てはまるわけではありません。それぞれの専門職はばらばらに、それぞれの子どもや大人の特別な状況に応じ、自分の「レパートリー」のアプローチや方法、技能、ツール、そして地域資源などを協働実践に持ち込むでしょう。また、専門職の同僚または実践のスーパーバイザーからのスーパービジョンや特別なコンサルを利用する（少なくともするはず）でしょう。

　いくつかの総合アプローチはすでにそれらの役割に応じて複数の専門職で共有されています。専門職的なそして共感的な関係性を目的に合わせて活用することはすべての専門職の基本です。もし、提供されたサービスが長い期間のもの、または専門家の短期間の介入を含む場合、実践のなかで、関係性を重視することは協働に関しても多かれ少なかれ影響を与えます。GPや教師、保健師やソーシャルワーカーなどのファミリーセンターを基盤にして活動する専門職、障害者と取り組む保健専門職、保護登録された子どもと取り組むソーシャルワーカーたちは、年を超えまたは世代を超えて家族の1人またはもっと多くのメンバーと取り組むことになります。事故ではない頭のケガを受けた子どもの最初の保護協議に参加するコンサルタントとしての神経科医は両親との、とても短期間の、非常に集中した関係を持つことになりますが、将来の危害から子どもを守るための計画にも一生懸命取り組むことになります。

　要支援家族の周囲のチームやネットワークのなかで、ともに取り組む異なる専門職によって共有される子どもや家庭へのアプローチは、名称の幅はありますが、とても似た共通の構成要素からできています。これらは、「システム」や「環境のなかの人」「生態学的」「参加型」「問題解決」「エンパワメントやストレングス基盤」そして、「社会的学習」などのアプローチです。当然ですが、実践者のための専門的な「道具」としてより明

確化されているアプローチもあります（例えば、不適切な養育が疑われた家庭と取り組む「サインズオブセーフティ」アプローチ（Department for Child Protection, 2012））。共感による関係性を主な「道具」として利用する、アウトリーチ・ワーカー（intensive outreach worker）にとっては、様々なアプローチ、方法と道具は、家族のニーズや、安全のための問題と同時に家族のメンバーの優先したいことや、彼らが役に立つと思うことに関する意見に照らしながら使うことになるでしょう。

　これら幅広いアプローチのなかに、複数の専門家が「道具箱」のなかに入れておくような、そしてより専門的な専門間チームが介入の主な方法として使うような、より具体的な様々な方法があります。

　こうしたアプローチのなかには、主に支援的あるいは情報提供を目的にしたもの（例えば、統合された子どもセンターチームの保健師やソーシャルワーカーや借金カウンセラーたちによって実施される毎週行われる親たちのたまり場グループ）、より教育的なもの（例えば、保健師とファミリーサポート・ワーカーが共同で行う「驚くべき年齢プログラム（Incredibles Year Programme)」のような特に「マニュアル化」されたプログラムに従って行われるペアレンティング・プログラムなど）があります。すべては治療的であることを主眼にしていますが、そのいくつかは特別な治療の方法を含んでいます（例えば、保護登録された子どものためのプレイセラピー、様々な問題に参っている母親との問題解決中心型治療（solution-focused therapy)、落ち込んでいる父親との認知行動療法（CBT：cognitive behavioural therapy)、そして危機状態ではないが複雑な問題のある家庭との機能的家族療法（Functional Family Therapy))。

　GP、保健師、地域基盤のソーシャルワーカー、ファミリーサポート・ワーカー等の総合的な専門職たちが、最初のまたは継続したトレーニングに基づいて多種多様な重点の置き方をしながら提供する「いつも通りのサービス」は、様々な時期に様々な組み合わせを使って行われます。つまり情緒的な支援、関係性のカウンセリングや調停、家庭やグループのなかでの親の教育、アドバイス、代弁、保健や福祉の問題が認識された際のアセスメントや診断テスト、そして実践的な援助の提供などが行われます。

障害児への実践的な援助から、ボランティアによる家庭訪問のためのアレンジや、朝起こすための援助や、壊れた調理器具を替えるためチャリティからの予算を集めること、フードバンクへの手紙を書くこと、ひとり親が急に心の健康を壊した場合に子どもの世話をするために来る祖父母へ費用を払うこと、そして里親家庭に一時的に子どもを保護するようなより大きな介入まで、ありとあらゆるものがあります。

　これらのいくつかのサービス（ほとんどは、実践者にマニュアルに従うことを求め、具体的な実践ツールを提供し、時間を限定した介入となっている）は、実験に基づく方法論を使って評価されています（用語集「マニュアル化されたプログラム」参照）。これらのいくつかは主に精神保健の専門家、時にはソーシャルワーカーや専門教師が関係する、よりコストの高い介入（例：行動変容を目的としたティーンエイジャーのためのマルチシステミック・セラピー（Multi-Systemic Therapy））ですが、問題が起こった時の早期の段階で使われる傾向があります。マニュアル化されたプログラムはとても使い勝手が良いのですが、実践者たちはマニュアルに常に縛られたいとは思ってはいません。そこで、時々プログラムの内容を軽率に変えてしまうことも起きています（McConnell, 2014）。

　家族がより複雑で多面的なニーズを持っている時、提供されるサービスの複雑さや範囲や期間に応じて、効果のエビデンスを検討する他の方法を見つけなければならないこととなります。複雑な介入は、他に依存して作用する要素や独立して作用する要素から構成されています。そしてその「魔法の」配合を明確に説明することは困難です（Medical Research Council, 2000）。子どもや家庭へのサービスは、5章（そして本章で触れるモートン Morton のケース）で書かれているように、介入とその前後関係の区別が明確ではない複雑な介入（Wells et al., 2012）です。効果的な協働を妨げないためには、最も適切な援助方法や効果のエビデンスの性質に関して、専門職の間の意見の違いが起こることを防止するための戦略が必要になります。

　（個々の専門職が熟練し能力も持つという重要な条件付きで）より良い成果を導き出す協働実践のために一番大切なことは、コミュニケーションの明

快な方法、専門職同士の明確な理解や相互の尊重（地位に関係無く）、専門家である同僚へのはっきりとした理解や尊敬（ただし「仲間内の会話」やなれ合いを回避して）、熟練したチームのリーダーシップ、そしてそれぞれの機関による適切な資源（特に時間）の提供などです。なお、前述した現在利用されている特別なアプローチや方法は、協働実践アプローチのなかですべて使えるものとなっています。

振り返り練習問題 6.1

　あなたは、要支援児童や家族との取り組みで、どんなアプローチや、特別な方法、技能、ツールを活用していますか？　あなたがいつも一緒に仕事をしている他の専門職が使っているものと同じですか？　違いますか？

　（実践での取り組み経験が無い方向け）他の章で紹介されたキーとなるテキストを使って、これまで紹介したアプローチのうち１つと、マニュアル化された方法のうち１つについてわかったことを整理しなさい。キーとなる要素とともに、それがどんな子どもや家庭の問題に適しているかを書き留めてみてください。

　グループに所属している場合、あなたが専門職の会議に出ていて、他のメンバーに説明することを想像してみてください。なお、その説明内容は、なぜこれが適切なアプローチや特定の方法だと考えるのか、そしてあなたがそれを使う子どもや家族の特徴についてです。

練習問題 6.2

　あなたの地域ではどんなものが主なアセスメントアプローチやツールとなっていますか？　それらのどんなところが良いと思いますか？　そしてどんなところがあまり良くないと思いますか？

6　効果的な協働実践に向けて　151

第3節　効果的な多職種間協働の基本的な要素

　多分野による取り組み方がいかにして結果につながるかについて、我々の理解のいくつかのずれに関し考えるためにアトキンソンAtkinsonらは(2007)、他の膨大な文献を使いながら、多専門による取り組みに影響を与える主な要因を導き出しています。

　効果的な多機関の取り組みには7つの主要な構成要素があります。

　　　・役割や責任の明確化

　　　・すべてのレベルでの確実な関与

　　　・信頼と相互の尊重の醸成

　　　・機関間の理解の促進

　　　・多機関の取り組みを発展させる十分な時間の提供

　　　・共同の訓練の提供

　　　・適切な資源の割り当て、特に時間

BOX6.1　多機関の取り組みに影響する主な要因
(Atkinson et al., 2007)

・**関係性の活用**：役割の境界を越える明快さが特に重要になります。考え方や相互理解の発展への関与や、信頼や相互の尊重。多様性に価値を持たせ、同等であることを確実にすることなどがとても重要です。

・**多機関のプロセス**：目的とキーとなる対象が明確であれば、コミュニケーションは良い実践に最も共通する促進要因です。透明性の高い連絡網と明確な機構が重要です。

・**多機関の取り組みへの資源の提供**：適切な資源提供（財源、職員、時間）は取り組みを成功させるための要です。スタッフの急な異動や、不適切なまたは時間を限った財政の投下や、新人採用の難しさは多機関の取り組みの深刻な脅威となります。

・**運営と管理・統治**：可能であれば、特定の専門性を持った肩書きの

ある人からの明確なリーダーシップと、より上級の運営管理者からの支援は特別に重要です。

練習問題 6.3

要支援児童や家族全体と取り組む際の協働実践に言及している、本の章または最近の記事を2つ選んでみてください。専門誌に批評を書くか、学生や同僚のグループに対し、その内容と評価について説明するかのいずれかをしてみてください。

練習問題 6.4

この章やその他で紹介された事例の家族にとって、どの実践アプローチやマニュアル化された方法が最も効果的であり、また、どんな専門職のネットワークのメンバーが（個人でまたは協働して）どの家族メンバーとともに取り組めば良いと思いますか？

練習問題 6.5

NSPCCは、イングランドのすべてのSCRの報告の概要を収集しています。これは、www.nspcc.org.uk/preventing-abuse/child-protec-tion-system/case-reviews/で見ることができます。昨年のもののなかからランダムに5つを読んでみてください。どのようにうまくともに取り組めていますか？　多分野によるチームのために何が学びとなりますか？　多分野によるチームがあるならそれが役立ったというエビデンスはありますか？

第4節　事例で紹介した家族との活動のなかでの協働実践

アーチャー家（事例1）

ケビン・アーチャーとブライアン・アーチャー（4歳と18か月）は、

イングランドの北東の、以前は鉱業都市でしたが現在では経済的に衰退した町の、住宅供給協会のメゾネットに、ジーンとビリー（22歳と37歳）という両親と一緒に住んでいます。ジーンは、神経線維腫症（神経に沿って腫瘍ができる遺伝的症候群）で、若干の学習障害も伴っています。彼女は、子どもの時から特別支援学校に行き、保健サービス子ども発達センターに定期的に通っていました。彼女は、ティーンエイジャーのころ落ち込んだ彼女にカウンセリングを勧めてくれたGPとはとてもいい関係でした。

ケビンは遺伝病を抱えています。そして彼も発達上遅れがあります。ブライアンは明確な診断をするには年齢が低すぎるのですが、発達レベルは低い状況にあります。

ビリーはトラックの運転手として定職を持っていましたが、ケビンが生まれ、ジーンが時々とても強い痛さを感じて彼を抱き上げられないので、仕事をやめています。彼は失業給付をもらい、住宅供給協会から直接家賃は支払われています。しかし、この家族は暖房費の請求やその他の借金と闘っています。ビリーはジーンを守り、子どもの面倒の多くの部分を担っています。しかし、彼はストレスを感じると、攻撃的な言葉をジーンや専門職に対して使うようになります。彼は学校を卒業して以来、正規の仕事についてきていました。このため彼は給付金を支給されることや、時々フードバンクに行かねばならないことを嫌がっていました。プレッシャーが高まると、家は散らかり汚れの程度が悪化していきます。彼は、今はケビンが学校に行っていて、ブライアンも歩いているので、ジーンが1人でなんとかやっていけるようになることを願っています。しかし、むしろジーンの痛みは悪化しています。

ジーンは友達と地域のシュア・スタートセンターの親と幼児のグループに定期的に通っていましたが行くのをやめてしまいました。センター所属の保健師は、彼女に会いに行っていますが、いつもジーンは泣いていて、ビリーは「彼女は何もやらない」と不満を言っています。この家族は、子ども発達センターへの定期的な通所をすでに2

回すっぽかしています。

　保健師は、子どもたちへのケアにネグレクトの傾向があるので、ストレスを減少させるため何ができるのかを考えるため、シュア・スタートセンターでの会議に出るように両親に声かけしています。ジーンの母親（彼女も何年もの間このGPの患者です）はGPのところに訪問し、「家族がどんどん悪い状態になっていて、多くの時間子どもたちはみじめな状態だ」と話していました。母親は子どもたちには多くの援助をしていましたが、腰の状態が悪化し手術を待っている状況です。

　ケビンを連れた定期健診のための通所の際に、GPはビリーとジーンに、2人が子どもたちのケアに苦しんでいることを心配していることを話しています。ただ、2人が子どもたちのことを愛していて、また子どもたちを最近まできちんとケアしていると思っているとも話しています。そして追加的方法が必要だと思うので、子どもソーシャルケア・サービス（CSC）につなぎたいと思っているとも伝えました。親たち自身が家庭でいろいろな支援とより多くのデイケアを受けられるので、ビリーが半日でも働くことができ、家族収入の増加につながる税金控除の申請が期待できることから、彼らはこの提案にしぶしぶ同意しています。GPは最初の家族ミーティングを彼らの家、診察室、またはシュア・スタートセンターのうちどこでしたいと思うか2人に尋ねました。彼らは、ブライアンが子どもセンターにはプレイリーダーがいることを知っていることからそこを選んでいます。

　家族ミーティングの前に、保健師は地域のチームのソーシャルワーカーをジーンとビリーに会わせるため連れて行っています。そしてシュア・スタートセンターのアウトリーチワーカーも紹介しています。彼らは2人に、健康、教育やそれぞれの家族メンバー毎の社会的ニーズに関与する様々な専門職について説明しました。また適切なサービスを提供する（第3章参照）ために「知る必要がある人にしか知らせない」という考え方のもと、情報を共有する許可も得ています。ソーシャルワーカーは最初のアセスメント報告書を作成し、ブライアンとケビンが要保護児童であり（児童法1989、第17項）、次のアセス

メントが実施されるまでの間、ストレスを軽減するため実際の要保護サービスをすぐに提供することをチームリーダーと確認しています。

シュア・スタートセンターの管理者は最初の家族ミーティングのコーディネイトをします。この家族の周囲のチームは、GP、保健師、子ども発達センターの小児科医、集中的なアウトリーチワーカー（intensive outreach worker）、ケビンの主任教師、ソーシャルワーカー、そしてこうした状況になる前にケビンを連れてビリーが参加していた父親と子どもグループを運営しているシュア・スタートセンターのグループワーカーなどから構成されています。

ミーティングの最後に合意されたことは、ソーシャルワーカーとアウトリーチワーカーが密接に取り組み、両親を理解していくこと、両親が何を有益に感じるかを学ぶこと、適切な標準的ケアを継続し、子どものための病院への通院を続けさせる明確なメッセージを提供することでした。ネットワークの他のメンバーは、その専門的な役割を継続して発揮するとともに、このミーティングは、援助計画を再アセスメントするため6週間以内に再招集されることになりました。

共感練習問題6.6

ビリーとジーンの役割について、あなたが2人の立場になって考えてみてください。あなたはそのミーティングから何が生まれることを期待しますか、また何を不安に感じますか？　あなたの子どもたちの養育改善をするために、専門職の人たちのどんな取り組みがあなたを勇気づけてくれますか？

グループ練習問題6.7

役割演技または討議（メンバーシップや学習セットや学習コースの時間枠組に従うこと）として行ってください

家族の周囲のチームメンバーの1人の役割があなただと思ってください。ネットワークのメンバーとともにあなたが提供するであろうサービスや役割について討議してください。なお異なった専門職や機

関による討議であることが望ましいです。

次に以下のどちらかを行ってください。

ビリーやジーン、そしてジーンの母親の役割も入れた最初の家族ミーティングの一部を、グループでロールプレイしてください。

あるいは、役割を演じるなかで、あなたやあなたの管理者がどんな段階を踏もうとしているのか、そしてチームワークを最大限効果的にするためにあなたはどんな地域資源が有用だと思っているのかなどについて、ネットワークの他のメンバーに対し1人ひとりが説明をしてみてください。ビリーやジーン、そしてジーンの母親の役割を割り振り、なぜこの方法で提供されたサービスが、家族メンバーを前向きに励ますために効果があると思うのか、または思わないのかのかについて、ビリーやジーン、そしてジーンの母親役になった人が、グループメンバーに説明してみてください。

レロイ家（事例3）

レロイたちは、コートジボワールからの亡命申請者です。パトリス・レロイは当局の介入に心を痛めていました。一方で、彼は継母のリサが、10歳のマリーを時々ひどく罰していることを認めていました。言うことを聞かない時にこうするのは彼らの文化のなかでは普通のことでした。リサは、彼女の躾の方法に疑いがかけられていることに憤っていました。彼女はこれまで決して疑問を感じたこともありませんでしたし、マリーがルールに従わなければ、ひどく罰するべきだと思っていました。普段は怒鳴れば十分でしたが、時々、特に最近では寝小便の時など彼女は平手打ちをすることもありました。小さな子どもはこの方法で罰しなければならない、子どもを育てるために他にどんな方法があるの？　とリサは思っています。彼女はソーシャルワーカーを人種差別主義者だと非難しています。

家族を「元のやり方」に戻すことが良いのでしょうか？

学校でフランス語の通訳をつけることが良いのでしょうか？

この家族にとって文化的に適切なことは何でしょうか？

彼らを地域のアフリカ人のサポートグループに入れることはいいと思いますか？　アフリカ人のグループにいる親たちや子どもたちと関わることでの問題点は無いでしょうか？

ウェイン・モートン（事例4）

　2歳のウェインと、麻薬を最近また使い始めた彼の両親、そして正式な子どもの保護手続きを始めるべきだと決定した緊急戦略会議のその後のことについてはそのままになっていることを思い出してください。ソーシャルワーカーが会議報告を彼らに伝えた時、ティナとクレイグは怒り、ショックを受けていました。ソーシャルワーカーは、そのミーティングは子どもの保護計画の一部として、ケアの申し込み申請をするかどうかの検討をするものだと説明していました。彼らが麻薬を管理できない、または暴力的な言い争いを止めないのであれば、ウェインが養子縁組される可能性は高くなります。子どもの保護ミーティングの前に、ソーシャルワーカーはGPとすでに会っていて依存サービスにつなぐ手続きをしていて、ティナもクレイグもヘロイン代用プログラムの再スタートに同意していました。しかし、ソーシャルワーカーは彼らが再び失敗することをまだ懸念しています。ウェインを妊娠した時、ティナは家族と看護師パートナーシップ（FNP）の試行プログラムを申請し、受理されていました。そしてクレイグとティナは、再びこのプログラム（彼らの地域では苦しんでいる十代の親にこの集中的なプログラムが提供されています）を紹介してもらうことに合意していました。

　子どもの保護協議は、ウェインを公的な子ども保護プランの対象とすることが必要であると結論づけました。キーワーカーはソーシャルワーカーで、コアグループは、GPや保健師、成人依存症ソーシャルワーカー、FNPチームメンバー、ティナとクレイグの2人とティナの母親、近隣ファミリーセンターのアウトリーチワーカーから構成されています。

　子どもサービスは、法的な計画策定ミーティングが役に立つと決定

しました。そしてウェインの年齢の観点から、もし両親が再び失敗した時のために緊急時対応計画の策定をするため事前の手続きを子どもサービスが始めることについて合意しています。また両親は、事前手続きのためのミーティングで会った事務弁護士に連絡をするようアドバイスを受けました。事務弁護士は、もし、このケースが法廷に移行した時、ミーティングの準備を手伝ったり、支援を提供したりするボランティアのサポートワーカーに彼らを紹介しました。

　たとえ両親が依存を無くすよう一生懸命努力したとしても、ウェインのケアが悪化した場合、提供するケア申請を変更するためのスーパービジョン命令のため、手続きを始めることを地方当局は決めていました。しかし、家族は幸運でした。麻薬・アルコール家庭裁判所（FDAC）を利用することができ、裁判所、家族、そして（この場合は）家族と看護師パートナーシップ（FNP）所属の保健師と一緒に取り組む、また心の健康の専門家チームと依存の専門家も利用することができる地域に住んでいたのです。

調査練習問題 6.8

　FNPとFDACの参考文献を調べてください。子どもの保護計画を、クレイグやティナがウェインの面倒を見る生活を継続できるよう援助するための最大のチャンスにできるのは、家族メンバーやコアグループの専門職やFDACやFNPの専門家のサービスのどんな特質でしょうか？　また、その可能性を下げてしまうのは何でしょうか？

ネイサン・ライダーとその家族と協働して取り組む（事例2）

　このケースは、特別な問題（このケースでは両親の分離に至る夫婦間暴力）が潜在的な緊張を表面化させるまでの長い間専門家のサービスが提供されることのなかった、中級家庭では珍しくないケースです。母親は子どもの安全やウェルビーイングについて心配しているため、地域の専門職により通告されるのではなくむしろ、（他のケースと同様）自ら援助を求めています。母親がネイサンのために住居の提供

（児童法1989、第20条）を求めた時点で、ネイサンが「要保護児童」（児童法1989年、第17条）であり、いくつかの機関が関与する高度に集中したサービスと幅広い専門職の知識や技術が緊急に必要であることが、アセスメントを担当したソーシャルワーカーには明らかでした。一方で、家族自体や拡大家族に強みもありました。もしオーダーメイドで調整されたサービスが供給されるなら、これは中期的なケースですむ可能性もあると、ソーシャルワーカーは想定していました。通告は危機の発生時点で行われました。ソーシャルワーカーは、最初の段階からいろいろな家族メンバーに焦点を当てて協力しながら取り組む、多くの専門職が関わる「第四層」〔里親や児童養護施設等に措置が必要な児童〕のサービスが必要だと結論づけています。

　マーゴット・ライダーがネイサンに対する短期間の措置を依頼した時点で、家族メンバーへのサービスを提供している8つの機関から10人を超える専門職が関わっています。そのなかには5人のソーシャルワーカーがいます。つまり里親委託が良いかどうかを考え、里親委託チームの同僚と可能な委託について協議する子どもと家族チームのソーシャルワーカーがいます。またDVの避難施設の管理者、立ち合い付の面会サービスの管理者（ともに民間非営利セクター）のどちらも、施設のソーシャルワーカーやファミリー・サポート・ワーカーのチームをまとめるソーシャルワーカーです。両親がこうした民間非営利サービスの利用に行きつかないこともあることから、子ども家庭裁判所助言・支援サービス（Cafcass）のソーシャルワーカーはレポートや将来の連絡のための推薦状を作成します。スティーブの代理をする事務弁護士がいます。マーゴットは司法アドバイスセンターのボランティアによって支援を受けます。なぜなら家族ケースの場合、法的援助は特例のケースの場合しか使えないからです。学校には学級担任の先生、主任教師と特別支援教育ニーズコーディネイター（SENCO）がいます。そしてサラの学級の先生はマーゴットに耳を傾け、サラの安全な場所を確保してくれ、彼女の周囲で起こる混乱に巻き込まれないよう見守ってくれます。刑事司法サービスからは、DV

ユニットの警察官と、スティーブが紹介されたアンガーマネジメント・グループを運営する保護観察官がいます。保健サービスからは、GPがいます。GPは、ネイサンをお産する時からマーゴットを知っていましたし、診療所につなげるカウンセラーに連絡しました。そして彼女の心の健康をモニタリングもしています（スティーブも患者として登録されていますが、ほとんど接触はありません）。またGPは、12か月前にネイサンを青少年精神保健サービス（CAMHS）チームに紹介しており、臨床心理士はネイサンとマーゴットと一緒に取り組んでいました。ネイサンは遊戯療法士のところに隔週で行っていました。

　ソーシャルワーカーは、それぞれの専門職がすでにその役割を担っていると考えていました。しかし家族メンバーのみならず専門職の人たちにとって混乱やごちゃごちゃしたメッセージとなるのを避けるために、またそれぞれのサービスの効果を最大限にするために彼らの取り組みは調整される必要があるとも考えていました。ソーシャルワーカーはグループワークの知見から、この多くの専門職の人々とともに、「中枢」と「周辺」の両方のグループ、または家族の周囲の小さなチームを作ることが必要で、加えてマーゴットやスティーブ、ネイサンそれぞれのための別のグループも必要だと考えていました。

　ソーシャルワーカーの最初の一歩は、専門職がともに取り組むことの重要性を説明するために、「知ることの必要性」に関して情報を共有することに彼らから正式な（署名入りの）承諾を得るために、そして他の特定の機関や専門職に伝えられたくない情報があるのか無いのかを確認するために、ネイサンやマーゴット、スティーブそれぞれと話すことでした。彼らが参加しない専門職の会議や法的な会議はあるものの、そうできない理由が無い限り、彼らが家族ミーティングに出席することはとても歓迎されるということについてもソーシャルワーカーは話すようにしています。

　小さなコアグループ（家族の周囲のチーム）は、彼らが望んでいる成果に同意するとともに新たな情報に照らして改善し、ケース計画をモニターし、コミュニケーションをオープンにしておくことを確実に

するためのキーとなる役割を担いました。この「コアチーム」のメンバーはマーゴットと地方当局の家族ソーシャルワーカー（この場合はネイサンは彼のニーズに応えることを確実にする強力な専門家のグループがあるため他のソーシャルワーカーを必要としないことが決定されています）、青少年精神保健サービス（CAMHS）心理士、避難施設の家族キーワーカー、警察DVワーカー、面会サービスセンターのグループワーカー、特別支援教育ニーズコーディネイター（SENCO）診療所基盤のカウンセラー、（措置後は）特別な治療的里親ケアサービスの里親たちです。これらそれぞれの専門職は家族のメンバーの1人と特別な役割を持つ他の専門職とのコミュニケーションをしっかり取る役割を担っていました。定期的な会議（法令上の継続支援児童の振り返りとして開催されます）が、ネイサンに治療やケアサービスを提供している専門職の間で実施されました。心理職は3つの会議をコーディネイトしました。これらにはマーゴットや、専門里親、ネイサンの学級担任、面会サービスセンターのワーカーも参加します。ネイサンも時々参加しますが、それ以外は青少年精神保健サービス（CAMHS）の遊戯療法士が彼のために話します。独立検証官（IRO）は継続支援児童の振り返りを、心理士はその他の会議を運営しました。裁判所が子どものため整理されたプランを決定するまで、子ども家庭裁判所助言・支援サービス（Cafcass）ワーカーが寄り添いました。マーゴットに最も身近で取り組んでいる専門職（GPやカウンセラー、避難所ワーカー、面会サービスセンターワーカー、司法アドバイスセンターのボランティア）の定期的な会議（GPの医院で開かれる）もありました。そして、アンガーマネジメント・グループを運営する保護観察官、面会センターワーカー、そしてファミリー・ソーシャル・ワーカーが参加する警察DVワーカーによって運営される小さなチームもありました。

　ケースが継続している18か月以上、時にはペアで時には1人で取り組みながら、これらの専門職は幅広いアプローチや方法を活用しました。彼らは、彼らの取り組みにシステム的な、生態学的なアプロー

チを、また、そればかりでなく、社会的学習理論や危機介入、機能的家族療法、ロジャーズ流カウンセリング、認知行動療法（CBT）、ソーシャルグループワーク、瞑想、遊戯療法、家計の整理の実践的援助、裁判所から選ばれた専門家など、サービスのいろいろな部分で活用される理論や方法を幅広く取り入れました。

　協働した取り組みが妨げられる可能性はいくらでもあります。両親やネイサンの周囲のチームが、家族のなかの葛藤に「加担」または「反映」してしまったり、またはこれら4つのチームを引っ張っている人たちが、リーダーシップの役割や責任の分担についてトラブルになったりするなどです。例えば、ネイサンとその父親との面会をどう実施するかについて、マルチシステム里親ケアサービス（手順書に強く従うことを要求する評価された手引き化されたプログラム）を提供している専門家チームのマネージャーが、心理士やファミリーソーシャルワーカー、面会サービスのマネージャーと同意できないなどです。こうしたことを避けるため、要保護児童サービスのコアチームのそれぞれのメンバーは（懸念されていることについて家族と相談した結果の）レポートを提供することや、コアグループや専門職会議に出席することを優先しなければいけません。これらは、両親やネイサン（サラも忘れてはいけません）の改善や再発が検討され、ケース計画が見直されたり最新化されたり、専門家のより幅広いグループとのコミュニケーションが確保される機会となります。Eメールや電話での会話、または2人の専門職が裁判所の外や他の会議でばったり会った時の短時間の相談が、わざわざ会議に参加する必要性を軽減してくれると思われることはよくあります。間違った理解を調整し、またはうまく行くためには（例えば、なぜ面会がうまく行かなかったのか、そして次回はどうすればそれを回避できるのか）、専門職は会議のなかで関係を作る必要が頻繁に生じますが、顔をあわせての会議も、発生しつつあるずれをよりはっきり認識するため時々必要となります。

　正式な子どもの保護計画を必要とする際に、これは事前評価されなかったことですが、調整されていないサービスがネイサンやサラだけ

でなく、彼らの両親にも深刻な危害を及ぼすという兆候があったのです。ネイサンの行動は悪化し、彼の計画された里親養護の最後の段階で、より長い期間の利用が必要と判断されたでしょう。マーゴットとスティーブは自殺のリスクがあり、マーゴットのサラへの子育ては、解決されない面会の葛藤のプレッシャーによって悪化したでしょう。しかし、機関や専門職の境界をまたいだ、調整されたサービスに時間をかけ力を入れた結果、マーゴットやサラが実家に戻り、分かれて暮らすことに同意しています。面会のための調停はうまく行かなかったので、裁判所の判決が必要になりました。ひとたびこのことが解決したら、ネイサンと彼の母親と里親は彼の挑発的な行動に対応している学校のスタッフに対する心理士による支援を継続しながら、彼のために丁寧に計画された家庭復帰について意見を一致させるために協力して取り組みました。GPやカウンセラーはマーゴットの支援を続け、スティーブは面会センターの離別した父親のグループに参加しています。

ディクソンとワトソン家——小さな子どもが社会的養護から 家に帰ってきた時の協働した取り組み（事例5）

　ディクソン家の事例をもう一度読んでみてください。ピートとドラが社会的養護から家に帰るための準備をすることがケア計画で決定された時、ピート・ディクソンは3歳、彼の異母きょうだいのドラは18か月、ティナは6か月でした。

　ピートとドラは短期間の里親、ジェニー・ロブソンのところに12か月暮らしていました。マルシアがドラを妊娠した時に3か月祖母の家に行った後、ピートは20か月の時からこの里親のところにいました。ドラは生後4週間で病院から同じ里親のところに行っています。ピートは身体的・情緒的ネグレクトで傷ついていて、またピートへの不適切な子育てを根拠にドラも同様に深刻な危害にあう可能性があるとして、そしてドラが特別な養育能力が必要な特別なニーズを持っていることもあって、裁判所は、24時間のケアがピートとドラ

には必要だと決定していました。しかし、ケア計画ではすでに、マルシアやダレンがティナに良いケアをすることができ、社会的養護を利用している2人の子どもたちといい関係を維持できるかどうかを判断するための一層のアセスメントを予定していました。

　ダレンとマルシアはケア命令に抵抗していましたが、彼らは子どもの保護計画（6か月の振り返り協議でもはや必要無いとされ、「要支援」計画に移行するとされました）に取り組んだのです。

　しかし、彼らが彼らの両親の元に戻る最終決定が行われる前に、再統合計画の一環として注意深い中間評価が行われる必要がある「家に帰るリスク」を、要養護児童再評価（Looked after Children Review）は明らかにしたのです。注目に値するのは、子どもの双方とも、ジェニー・ロブソンに主な愛着形成がなされていて、その愛着を失うと大きな苦痛を感じることが予測されていたことでした。この苦痛は問題行動という形で現れます。しかし、この里親ジェニー・ロビンソンへの措置は、彼女が養育した子どもが安全に家庭に帰る可能性のある時、両親と一緒に取り組む特別な技能を持っていることで有名だったから行われたのです。彼女は、ダレンとマルシアと強い関係を結び、ダレンが仕事を探す手伝いもしていました。そして彼女は2人の年上の子どもたちに、赤ちゃんである彼らの妹を知ってもらうことに力を注ぎ、面会についても面会センターから里親に担当が移りました。

　（子どものソーシャルケアから）子どもの家に戻すための決定がされた時、それぞれの異なる家族メンバーにサービスを提供していた専門職としては、要保護児童（LAC）チームのピートとドラのソーシャルワーカー、独立検証官、ジェニー・ロブソンの里親支援ワーカー、ジェニー・ロブソン、ティナとその両親の中心となる子ども家庭ワーカーなどがいました。保健サービスからは、保健師（幸運なことに、里親家庭の家は3人の子どもたちと今後も関わることができる場所にありました）、ダレン、マルシアとティナのGP、ドラとピートのGP、ドラの特別なニーズのアセスメントをしている子ども発達センターのチームがいました。任意のセクターからは、シュアスタート・チルド

レンズセンターの管理者と、アンガーマネジメント・プログラムが終わった後ダレンが（マルシアに自分の時間を与えるためティナを連れて）行っていた定期的な父親グループを支援し、アンガーマネジメントグループを運営しているグループワーカーたちがいます。

　再統合計画の最初の段階の間、つまり子どもがまだ離れて住んでいる間は、ジェニー・ロブソン、ダレン、マルシア、彼らの要養護児童（LAC）のソーシャルワーカー、子どもの発達センターの小児科医、子どものセンターの管理者などから構成された「内部のコアグループ」がありました。面会は、隔週から毎週になり、隔週でジェニーは2時間この家族の自宅で過ごしてマルシアが3人の子どもたちに昼食を与える手伝いをするようになりました。4週間後、シュアスタート・センターで別の隔週の面会が始まりました。センターではピートが家に帰ってから参加することになる幼児センターに紹介され、ドラは言語療法に参加しました。ピートが、祖母やティナと家で午後過ごしている間に、マルシアとダレンはドラとジェニーを連れて子ども発達センターに行っています。要養護児童再評価機関（LACR）は6週間後、子どもが家庭に帰る決定ができるための十分な進展があったと結論づけ、ドラが最初に、そして2週間後にピートが続きました。ダレンとマルシアが3人の子どもたちとの日常生活に慣れるのを手伝うために、ジェニーが最初の1か月はこの家族の自宅で半日過ごすことが合意されました。ソーシャルワーカーは、ダレンがより勤務時間を短い融通の利くものにできるよう会社に要請する際に支援しました。そして子どもセンターの福祉権アドバイザーは児童手当がもらえ税金の控除ができるように、そしてより適切な住居確保のため住宅供給協会に申請する援助をしています。要支援家庭サービスを調整し中間評価をする会議を開いているGPは、丁寧にモニタリングされ対応されなければいけない健康上のニーズのある家族への支援もしています。子どもの保護サービスに保健師が最初の通告をしたことで、両親は保健師に怒っていましたが、保健師はティナのケアのため家族を支え励ましている間、その怒りを越えて取り組むことができました。

ドラの健康上のニーズのため調整されたアプローチを確認するため、子どもたちが家に帰ってくる前に、保健師は子ども発達チームに会っています。

　同意されたアプローチとしては、実践的な援助や助言を伴う本質的に支援的で教育的なものが取り組まれました。それは、土曜日の朝の父親グループへのダレンとピートの参加、ケースのそれぞれの段階での子育て学習グループ（ベビーマッサージ、メロウペアレンティング、驚異の年齢）へのマルシアの参加などです。ジェニーが毎週の訪問を止めた時に（マルシアは継続して来てもらいたいと思っていましたが）、ファミリー・サポートワーカーがこの家族に配属され、ソーシャルワーカーと密に協力しながら支援しています。ダレンとマルシアは、ケア命令が「継続」となったことを心配していました。ファミリー・ソーシャルワーカーは、ティナが家にいてピートとドラが戻ってくる方針を決定している段階でも一貫して支援をして、両親といい関係を継続していました。もし子どもたちのニーズが充足され、彼らの良い状態や安全が促進されたなら、提供されているケアやケア計画を維持するかどうかについて、供給されている支援や（望ましくは2か月以内に実施される）ケア命令を中止するための裁判所への提案などとも合わせて、中間評価がされるであろうと、ファミリー・ソーシャルワーカーは両親に明確に伝えました。この議題はそれぞれのコアグループ（要保護児童サービスの一部として、すべてがうまく行っている場合は頻度を減らして、もう18か月間継続されます）のなかでも提起されました。そして18か月後、子どもサービスによるケースとしては終了しましたが、両親の合意の下、地域保健チームや子どもセンター、小児科医は互いに連絡し合い、追加的なニーズに継続して対応しています。

　これまで述べたように、このケースは計画に沿って進められてきました。しかし、協働の取り組みはいくつもの点でまたいろいろな理由で妨げられる恐れもあったのです。ケアグループや計画会議に参加することを大切にしていない専門家もいるでしょう。養子縁組または、

長期の里親委託の子どもたちより、短期の社会的養護から家に帰った子どもたちは、一層再虐待やネグレクトを受けやすいと結論づけた調査を根拠にして、子どもの発達チームやソーシャルワーカーたちが、4歳未満の3人の子どもを育てながら、若い親たちがドラの特別なニーズに対応できるかどうかについて同意しなかったかもしれません。彼らは、ジェニーから離された際、一方か両方の子どもたちが混乱させるような行動を取ると考えていましたし、ダレンのフラストレーションが、そしてマルシアの疲労が怒りの爆発につながり、1人またはその他の子どもたちへの身体的危害を誘発してしまうと考えていました。

　しっかりした計画を合意・決定するためには、可能であれば上級レベルの会議が必要となります。または、意見の違いは裁判所によって解決される必要性があるでしょう。コアグループのメンバーは、裁判所でケア命令を解除するために裁判をするかどうかを決めるために（親が参加しているコアグループを差し置いて）専門職の会議が開かれることには賛成しなかったかもしれません。また子どもセンターのスタッフは、どんな組み合わせのグループが適当かについて、同意しないかもしれません。これらすべての動きは、同意しない専門職を自分側に引き寄せるために、こうした意見の違いを両親に利用させてしまうことにつながってしまったかもしれません。そして、専門職はお互いに1人やそれ以上の子どもたちのケアが悪化することに意識を向けず共謀してしまう可能性もあったのです。チームのリーダーシップや、グループワークと仲裁の技能は、コミュニケーションが崩壊しないようにするためには必要なのです。

第5節　結論

　要支援児童や家庭との効果的実践のためのエビデンスの基盤は増加している一方、多くのギャップが残っています。ギャップの1つが、単一の

チームや多分野のチームによって成果がどのぐらい異なって来るのかという部分です。しかし、明らかになった効果についていくつかの共通の特徴があります。

- ・関係性基盤での援助が中心であること
- ・信頼の確立──家族メンバーとの、そして専門職同士の
- ・関係性の継続の追求──家族メンバーとワーカー間の／援助チームのメンバー間の
- ・システムの一部として子どもと家族を理解すること（そして、同僚と協議して把握された家族メンバーのニーズの観点から、可能性がある多様なアプローチのなかから選択すること）
- ・親や子どもたちに、彼ら自身が、過去にどんなものが役立ち、または役立たなかったと考えて来たか、そして彼らの優先するものは何かについての意見を聞くこと
- ・明確な目的、明確な意思疎通、家族が提供を受ける援助の種類を丁寧に説明することを基本にしたサービス提供
- ・子どものみならず大人の弱さに関し懸念される理由がある場合、求められるべき変化のアウトラインを明確にすること。もし必要な改善ができず、要支援児童や大人の深刻な危険が続くのであれば、この明確化の内容には可能性のある成果が含まれることになります。

　要支援児童や家族のために様々な効果的な介入があること、そしてこれらの介入の多くが多分野のチームによって提供されていることを知ると勇気づけられます。私たちが何が危害を予防できるかに関してより多くのエビデンスを求めている間に、エビデンスは確立されつつあります。しかし、私たちは十分に統合されたチームが良い成果を上げるための最高のチャンスを得ることのできる家庭があったり、個々の子どもや家族の周囲に形成されたネットワーク（またはチーム）に集まった単一の専門チームの専門職の方が最高の結果を導き出す家庭があるなど、家族の多様性を、私たちは一層理解していく必要があります。

協働実践と専門職連携教育の重要文献

Brodie, T., Knight, S. (2014) The benefits of multidisciplinary safeguarding meetings. *British Journal of General Practice.* 64(624): e456–8.

Kistin, C., Tien, I., Bauchner, H., Parker, V. and Leventhal, J. (2010) Factors that influence the effectiveness of child protection teams. *Pediatrics.* 126(1): 94–100.

McLaughlin, H. (2013) Keeping interprofessional practice honest: fads and critical reflections, in Littlechild, B. and Smith, R. (eds) *A Handbook for Interprofessional Practice in the Human Services.* Harlow: Pearson.

Sadler, L., Slade, A., Close, N., Webb, D., Simpson, T., Fennie, K. and Mayes, L. (2013) Minding the baby: enhancing reflectiveness to improve early health and relationship outcomes in an interdisciplinary home-visiting program. *Infant Mental Health Journal.* 34(5): 391–405.

Srivastava, O. and Polnay, L. (1996) Field trial of graded care profile (GCP): a new measure of care. *Archives of Disease in Childhood.* 17(4): 337–40.

Stutsky, B.J. and Spence Laschinger, H. (2014). Development and testing of a conceptual framework for interprofessional collaborative practice. *Health and Interprofessional Practice.* 2(2): eP1066.

Thoburn, J., Cooper, N., Brandon, M. and Connolly, S. (2013) The place of 'Think Family' approaches in child and family social work: messages from a process evaluation of an English pathfinder service. *Children and Youth Services Review.* 35(2): 228–36.

Tunstill, J. and Blewett, J. (2009) *The Delivery of Targeted Family Support in a Universal Setting.* London: Action for Children.

Wells, M., Williams, B., Treweek, S., Coyle. J. and Taylor, J. (2012) Intervention description is not enough: evidence from an in-depth multiple case study on the untold role and impact of context in randomised controlled trials of seven complex interventions. *Trials.* 13: 95.

Woodman, J., Gilbert, R., Glaser, D., Allister, J. and Brandon, M. (2014) Vulnerable family meetings: a way of promoting team working in GPs' everyday responses to child maltreatment? *Social Sciences.* 3: 341–58.

CAIPE協働実践シリーズの追記

協働実践と多職種間教育の本質

　複雑なニーズに対し、より効果的に、迅速に、費用対効果を高くする責任がある他の専門職や機関とともに取り組む協働実践実現に向け、保健やケア分野の学生や最近資格取得したワーカーたちに準備をさせるためにこのシリーズのそれぞれの本は編集されています。

　協働実践は、世界保健機構のタスクグループにより定義されているように、次の時に発生します。

　　異なる背景を持つ多分野の保健ワーカーたちが、状況に合わせて質の高いケアを提供するために、両親や家族、保護者、そして地域とともに取り組むことで包括的なサービスを提供する時。

(WHO, 2010, p.13)

　専門職たちが以下の状態にあれば、改善されます。
- ・目的と目標を共有している
- ・お互いの役割と責任を理解している
- ・オープンで打ち解けたコミュニケーションを確立している
- ・一緒に配置された多分野チームのなかで取り組む
- ・確立した仕組みのなかで情報共有を行う
- ・強く、支援的で、調整された指導力を持つ
- ・相互の尊重がある（Rummery, 2009）

　専門職連携教育（IPE）はこれらの目的の実現を促進します。実践者たちは、誰であれ専門家1人だけの力を超えて、問題により十分にともに対応することができる道を探すため、お互いに、お互いから、お互いについて学ぶのです（CAIPE, 2002）。

　アウトカム（成果）志向で、能力に基盤を置いた、利用者中心で、生徒

発信で、全体的であるIPEは、行動や社会科学の理論的な観点から明らかにされた実践に基づいています。そしてIPEは、参加者が自分自身の学習に責任を持つばかりでなく、同じ専門職間の学習グループの他の参加者の学習にも責任を持つことから、成人の学習の原理を広げています。彼らは、自分たち1人ひとりがその経験や専門職的な見地から、彼らの教師が促進する実践グループのなかで、協働的で、思慮深く、変革を起こす力のある、そして社会的に組み立てられた学習のプロセスの繰り返しに対してどう貢献できるのかについて検討し合っています。実習や仮想的なeラーニングを用いて大学で行われる、相互作用的な、経験的な、そして実践に関連した方法を通して、彼らは態度・理解・価値や、知識・スキル、専門間の役割と責任に関する類似点や相違点を探ろうとしています。協働実践は協働学習の外で育つのです。

　資格取得前IPEは、実習や仮想的な環境で、大学のなかまたは大学間で、2人以上の専門職を対象に実施されています。

　資格取得後のIPEは、職場での専門職の継続学習または、追加や上級のコースを基盤とした、暗示的または明示的なものです。

　システマティック・レビューからは、資格取得前のIPAは協働実践のための共有された土台を築くこと、そして参加者のグループの間で相互に支援的な態度や認識へと修正することができることがわかっています。資格取得後のIPEは実践を改善するための直接的な影響となっています（Barr, Koppel, Reeves et al., 2005; Hammick, Freeth, Koppel et al., 2007）。

　CAIPE（専門職連携教育推進センター The Centre for the Advancement of Interprofession Education）とは、英国や海外の同じ志を持った組織とともに活動する、個人や団体や学生のメンバーとともにIPEを促進し開発する保証責任団体であり会社です。

ヒュー・バー Hugh Barr
マリオン・ヘルム Marion Helme
CAIPEのシリーズ編集者
2015年2月

参考文献

Barr, H. and Gray, T. (2013) Interprofessional education: learning together in health and social care. In: Walsh, K. (ed.) *The Textbook of Medical Education*. Oxford: Oxford University Press.

Barr, H., Koppel, I., Reeves, S., Hammick, M. and Freeth, D. (2005) *Effective Interprofessional Education: argument, assumption and evidence*. Oxford: Blackwell Publishing.

CAIPE. (2002) *Interprofessional Education: a definition*. Available at: www.caipe.org.uk

Hammick, M., Freeth, D., Koppel, I., Reeves, S. and Barr, H. (2007) A best evidence systematic review of interprofessional education. *Medical Teacher*. 29: 735–51.

Rummery, K. (2009) Healthy partnerships, health citizens? An international review of partnerships in health and social care patient/user outcomes. *Social Science and Medicine*. 69: 1797–1804.

WHO. (2010) *Framework for Action on Interprofessional Education and Collaborative Practice*. Geneva: World Health Organization.

推奨文献

Barr, H. (2013) Towards a theoretical framework for interprofessional education. *Journal of Interprofessional Care*. 24(1): 1–9.

Barr, H. and Low, H. (2012) *Interprofessional Education in Pre-registration Courses: A CAIPE guide for commissioners and regulators of education*. London: CAIPE.

Barr, H., Helme, M. and D'Avray, L. (2011) *Developing Interprofessional Education in Health and Social Care Courses in the United Kingdom. Paper 12*. The Higher Education Academy: Health Sciences and Practice. Available at: http://caipe.org.uk/silo/files/developinginterprofessional-education-in-health-and-social-care-courses-in-the-uk.pdf (accessed 19 October 2015).

Canadian Interprofessional Health Collaborative. *A National Competency Framework for Interprofessional Collaboration*. Available at: www.cihc.ca/files/CIHC_IPCompetencies_Feb1210.pdf (accessed 19 October 2015).

Combined Universities Interprofessional Learning Unit. (2010) *Interprofessional Capability Framework 2010 Mini-Guide*. London: Higher Education Academy Subject Centre for Health Sciences and Practice.

D'Amour, D., Ferrada-Vidella, M., San Martin Rodriguez, L. and Beaulieu, M. (2005) The conceptual basis for interprofessional collaboration: core concepts and theoretical frameworks. *Journal of Interprofessional Care*. 1: 116–31.

Frenk, J., Chen, L., Bhutta, Z.A., et al. (2010) Health professionals for a new century: transforming education to strengthen health systems in an interdependent world. A Global Independent Commission. *The Lancet*. 4 December 2010. Available at: www.thelancet.com

Interprofessional Education Collaborative Expert Panel. (2011) *Core Competencies for Interprofessional Collaborative Practice: report of an expert panel.* Washington DC: IECEP. *Journal of Interprofessional Care.* Available at www.tandfonline.com/loi/ijic20#.ViTl58tigas (accessed 19 October 2015).

Reeves, S., Lewin, S., Espin, S. and Zwarenstein, M. (2010) *Interprofessional Teamwork for Health and Social Care.* Oxford: Wiley-Blackwell with CAIPE.

参考文献

Allen, G. (2011) *Early Intervention: the next steps, an independent report to Her Majesty's Government.* London: HMSO.

Anning, A., Cottrell, D., Frost, N., Green, J. and Robinson, M. (2010) *Developing Multi-Professional Teamwork for Integrated Children's Services*, 2nd ed. Maidenhead: McGraw-Hill Educational.

Arnstein, S. R. (1969) A ladder of citizen participation. *Journal of the American Institute of Planners.* 35(4): 216–24.

Atkinson, M., Jones, M. and Lamont, E. (2007) *Multi-agency Working and its Implications for Practice: a review of the literature.* Available at: www.nfer.ac.uk/publications/MAD01/MAD01_home.cfm

Bachmann, M., O'Brien, M., Husbands, C., Shreeve, A., Jones, N., Watson, J., Reading, R., Thoburn, J. and Mugford, M. (2009) Integrating children's services in England: national evaluation of children's trusts. *Child: Care, Health and Development.* 35: 257–65.

Ball, C. (2015) *Focus on Social Work Law: looked after children.* Basingstoke: Palgrave Macmillan.

Barr, H. (2013) Towards a theoretical framework for interprofessional education. *Journal of Interprofessional Care.* 24(1): 1–9.

Barr, H. and Gray, T. (2013) Interprofessional education: learning together in health and social care. In: Walsh, K. (ed.) *The Textbook of Medical Education.* Oxford: Oxford University Press.

Barr, H. and Low, H. (2012) *Interprofessional Education in Pre-registration Courses: A CAIPE guide for commissioners and regulators of education.* London: CAIPE.

Barr, H., Helme, M. and D'Avray, L. (2011) *Developing Interprofessional Education in Health and Social Care Courses in the United Kingdom. Paper 12.* The Higher Education Academy: Health Sciences and Practice. Available at: http://caipe.org.uk/silo/files/cuilupdf.pdf

Barr, H., Koppel, I., Reeves, S., Hammick, M. and Freeth, D. (2005) *Effective Interprofessional Education: argument, assumption and evidence.* Oxford: Blackwell Publishing.

Barry, M. (2007) *Effective Approaches to Risk Assessment in Social Work: an international literature review.* Scottish Government. Available at: www.gov.scot/Publications/2007/08/07090727/0

Beckett, C. and Maynard, A. (2005) *Values and Ethics in Social Work: an introduction.* London: Sage.

Bell, M. (1999) *Child Protection: families and the conference process.* Ashgate: Aldershot.

Biehal, N., Ellison, S. and Sinclair, I. (2011) Intensive fostering: an independent evaluation of

MTFC in an English setting. *Adoption & Fostering*. 36(1): 13–26.

Brandon, M. and Thoburn, J. (2008). Safeguarding children in the UK: a longitudinal study of services to children suffering or likely to suffer significant harm. *Child and Family Social Work*. 13: 365–77.

Brandon, M., Bailey, S., Belderson, P. and Larsson, B. (2014) The role of neglect in child fatality and serious injury. *Child Abuse Review*. 23: 235–45.

Brandon, M., Bailey, S., Belderson, P., Warren, C., Gardener, R. and Dodsworth, J. (2009) *Understanding Serious Case Reviews and their Impact*. London: Department for Children, Schools and Families.

Brandon, M., Sidebotham, P., Bailey, S., Belderson, P., Hawley, C., Ellis, C. and Megson, M. (2012) *New Learning from Serious Case Reviews: a two year report for 2009–2011*. London: Department for Education.

Brodie, T. and Knight, S. (2014) The benefits of multidisciplinary safeguarding meetings. *British Journal of General Practice*. 64(624): e456–8.

Brotherton, G., Davies, H. and McGillivray, G. (eds) (2010) *Working with Children, Young People and Families*. London: Sage.

CAIPE. (2002) *Interprofessional Education: a definition*. Available at: www.caipe.org.uk

Canadian Interprofessional Health Collaborative. *A National Competency Framework for Interprofessional Collaboration*. Available at: www.cihc.ca/files/CIHC_IPCompetencies_Feb1210.pdf (accessed 19 October 2015).

Carpenter, J. (2011) Evaluating social work education: a review of outcomes, measures, research designs and practicalities. *Social Work Education*. 30(2): 122–140

Cheminais, R. (2009) *Effective Multi-agency Partnerships: putting Every Child Matters into practice*. London: Sage.

The Children Northern Ireland Order 1995. Available at: www.legislation.gov.uk/nisi/1995/755/contents/

The College of Social Work. (2013) *Code of Ethics for Social Workers*. London: TCSW.

Combined Universities Interprofessional Learning Unit. (2010) *Interprofessional Capability Framework 2010 Mini-Guide*. London: Higher Education Academy Subject Centre for Health Sciences and Practice.

Cossar, J., Brandon, M., Bailey, S., Belderson, P., Biggart, L. and Sharpe, D. (2013) *'It takes a lot to build trust'. Recognition and Telling: developing earlier routes to help for children and young people*. London: Office of the Children's Commissioner.

Cossar, J., Brandon, M. and Jordan, P. (2011) *'Don't make assumptions'. Children's and Young People's Views of the Child Protection Process and Messages for Change*. London: Office of the Children's Commissioner. Available at: www.childrenscommissioner.gov.uk/content/publications/content_490

Croft, S. (2013) 'End-of-life care'. In: Littlechild, B. and Smith, R. (eds) *A Handbook for Inter-*

professional Practice in the Human Services. Harlow: Pearson.

Cuthbert, S. and Quallington, J. (2008) *Values for Care Practice*. Exeter: Reflect Press.

D'Amour, D., Ferrada-Vidella, M., San Martin Rodriguez, L. and Beaulieu, M. (2005) The conceptual basis for interprofessional collaboration: core concepts and theoretical frameworks. *Journal of Interprofessional Care*. 1: 116–31.

Daniel, B., Taylor, J. and Scott, J. (2011) *Recognising and Helping the Neglected Child: evidence-based practice for assessment and intervention*. London: Jessica Kingsley.

Davies, C. and Ward, H. (2011) *Safeguarding Children across Services: messages from research*. London: Jessica Kingsley Publishers.

Department for Child Protection. (2012) Signs of Safety survey results report, DCP, Perth Western Australia.

Department for Children, Schools and Families. (2008) *Information Sharing: guidance for practitioners and managers*. London: DCSF.

Department for Children, Schools and Families. (2010) *Early Intervention: securing good outcomes for all children and young people*. London: DCSF.

Department for Communities and Local Government. (2012) *Working with Troubled Families: a guide to the evidence and good practice*. London: DCLG.

Department for Education and Skills. (2004) *Every Child Matters*. London: The Stationery Office.

Department for Education and Skills. (2005) *Statutory Guidance on Interagency Collaboration to Improve the Well-Being of Children*. London: The Stationery Office.

Department for Education. (2008) *Information-sharing for Practitioners and Managers*. London: DfE.

Department for Education. (2010) *Planning, Placements and Case Review (England) Regulations 2010 and the Care Planning, Placements and Case Review Regulations 2010 – statutory guidance*. London: DfE.

Department for Education. (2015) *Permanence, Long-Term Foster Placements and Ceasing to Look After a Child: statutory guidance for local authorities*. London: DfE.

Department of Health. (1991) *Working Together: a guide to arrangements for interagency cooperation for the protection of children from abuse*. London: HMSO.

Department of Health. (1995) *Child Protection: messages from research*. London: HMSO.

Department of Health. (2004) *National Service Framework for Children, Young People and Maternity Services*. London: Department of Health.

Derby Children's Safeguarding Board. (2012) *Children Abused Through Sexual Exploitation Risk Assessment Toolkit*. DCSB.

Dickens, J. (2012) *Social Work, Law and Ethics*. London: Routledge.

Fisher, M. and Marsh, P. (2003) Social work research and the 2001 Research Assessment Exercise: an initial overview. *Social Work Education*. 22(1): 71–80.

Foley, P. and Rixon, A. (eds) (2014) *Changing Children's Services: working and learning together*, 2nd ed. Bristol: Policy Press.

Frenk, J., Chen, L., Bhutta, Z.A., et al. (2010) Health professionals for a new century: transforming education to strengthen health systems in an interdependent world. A Global Independent Commission. *The Lancet*. 4 December 2010. Available at: www.thelancet.com

Frost, N. (2013) 'Children in need, looked-after children and interprofessional working'. In: Littlechild, B. and Smith, R. (eds) *A Handbook for Interprofessional Practice in the Human Services*. Harlow: Pearson.

Frost, N. and Robinson, M. (2007) Joining up children's services: safeguarding children in multidisciplinary teams. *Child Abuse Review*. 16(3): 184–99.

General Medical Council. (2013). *Duties of a Doctor*. Available at: www.gmc-uk.org/guidance/good_medical_practice/duties_of_a_doctor.asp

General Teaching Council for England (GTCE), the General Social Care Council (GSCC) and the Nursing and Midwifery Council (NMC). (2007) *Values Supporting Interprofessional Work with Children and Young People*. London.

Gilligan, R. (2000) 'Family support: issues and prospects'. In: Canavan, J., Dolan, P. and Pinkerton, J. (eds) *Family Support as Reflective Practice*. London: Jessica Kingsley.

Glasby, J. and Dickinson, H. (eds) (2008) *Partnership Working in Health and Social Care*. Bristol: The Policy Press.

Glisson, C. and Hemmelgarn, A., (1998). The effects of organizational climate and interorganizational coordination on the quality and outcomes of children's service systems. *Child Abuse and Neglect*. 22: 401–21.

Hallett, C. (1995) *Interagency Coordination in Child Protection*. London: HMSO.

Hallett, C. and Birchall, E. (1992) *Coordination in Child Protection: a review of the literature*. London: HMSO.

Hammick, M., Freeth, D., Koppel, I., Reeves, S. and Barr, H. (2007) A best evidence systematic review of interprofessional education. *Medical Teacher*. 29: 735–51.

Harlow, E. and Shardlow, S.M. (2006) Safeguarding children: challenges to the effective operation of core groups. *Child and Family Social Work*. 11(1): 65–72.

Health and Care Professions Council. (2015) *Preventing Small Problems from Becoming Big Problems in Health and Social Care*. London: HCPC.

Her Majesty's Government. (1974) *Report of the Committee of Inquiry into the Care and Supervision provided in Relation to Maria Colwell*. London: HMSO.

Her Majesty's Government. (2008) *Information Sharing Guidance for Practitioners and Managers*. London: HMSO.

Her Majesty's Government. (2013) *Working Together to Safeguard Children*. London: The Stationery Office.

Her Majesty's Government. (2015) *Working Together to Safeguard Children*. London: The Stationery Office.

Her Majesty's Government. (2015) *Information Sharing: advice for practitioners providing safeguarding services to children, young people, parents and carers.* London: TSO.

Her Majesty's Government. (2015) *What to Do if you're Worried a Child is being Abused: advice for practitioners.* London: TSO.

Hewitt, G., Sims, S. and Harris, R. (2015) Evidence of communication, influence and behavioural norms in interprofessional teams: a realist synthesis. *Journal of Interprofessional Care.* 29(2): 100–105.

Hill, M., Head, G., Lockyer, A., Read, B. and Taylor, R. (eds) (2012) *Children's Services: Working Together.* Harlow: Pearson.

Hood, R. (2015) A socio-technical critique of tiered services: implications for interprofessional care. *Journal of Interprofessional Care.* 29(1): 8–12.

Howe, D. (2012) *Empathy, What It Is and Why It Matters.* Basingstoke: Palgrave MacMillan.

Interprofessional Education Collaborative Expert Panel. (2011) *Core Competencies for Interprofessional Collaborative Practice: report of an expert panel.* Washington DC: IECEP.

Kistin, C., Tien, I., Bauchner, H., Parker, V. and Leventhal, J. (2010) Factors that influence the effectiveness of child protection teams. *Pediatrics.* 126(1): 94–100.

Laming, H. (2003) *The Victoria Climbie Inquiry: Report of an Inquiry by Lord Laming.* London: TSO.

Leathard, A., (2003) *Interprofessional Collaboration: from policy to practice in health and social care.* London: Brunner Routledge.

Lingard, L. (2012). 'Rethinking competence in the context of teamwork'. In: Hodges, B. and Lingard, L. (eds) *The Question of Competency.* New York: Cornell University Press.

Lingard, L., Schryer, C.F., Spafford, M.M. and Campbell, S.L. (2007) Negotiating the politics of identity in an interdisciplinary team. *Qualitative Research.* 7(4): 501–19.

Littlechild, B. and Smith, R. (eds) (2013) *A Handbook for Interprofessional Practice in the Human Services: learning to work together.* London: Pearson.

Marsh, P. (2006) Promoting children's welfare by interprofessional practice and learning in social work and primary care. *Social Work Education.* 25: 148–60. Available at; www.informaworld.com/smpp/title~content=t713447070~db=all~tab=issueslist~branches=25

Masson, J. and Dickens, J. (2013) Care proceedings reform: the future of the pre-proceedings process. *Family Law.* 43: 1413–20.

McConnell, N., Taylor, J., Belton, E., Barnard, M. (2014) Evaluating programmes for violent fathers: challenges and ethical review. *Child Abuse Review.* Early View DOI: 10:1002/car.2342

McLaughlin, H. (2013) 'Keeping interprofessional practice honest: fads and critical reflections'. In: Littlechild, B. and Smith, R. (eds) *A Handbook for Interprofessional Practice in the Human Services.* Harlow: Pearson.

Medical Research Council. (2000) *A Framework for Development and Evaluation of RCTs for Complex Interventions to Improve Health*. London: MRC.

Mizrahi, T. and Abramson, J.S. (2000) Social work and physician collaboration: perspectives on a shared case. *Social Work in Health Care*. 31(3): 1–24.

Munro, E. (2011). *The Munro Review of Child Protection: final report*. London: DfE.

Murphy, M., Shardlow, S., Davis C., Race, D, Johnson, M. and Long, T. (2006) Standards – a new baseline for interagency training and education to safeguard children? *Child Abuse Review*. 15: 138–51.

National Society for the Prevention of Cruelty to Children and Royal College of General Practitioners. (2011) *Safeguarding Children and Young People: a toolkit for General Practice*. London: RCGP.

National Society for the Prevention of Cruelty to Children and Royal College of General Practitioners (2014). *The GP's role in Responding to Child Maltreatment: time for a rethink? An overview of policy, practice and research*. London: NSPCC.

NHS Commissioning Board. (2013) *Safeguarding Vulnerable People in the Reformed NHS: accountability and assurance framework*. London: NHS CB.

Nursing and Midwifery Council. (2015) *The Code: standards of conduct, performance and ethics for nurses and midwives*. Available at: www.nmc-uk.org/Publications/Standards/The-code/Introduction/

Odegard, A. and Strype, J. (2009) Perceptions of interprofessional collaboration within child mental health care in Norway. *Journal of Interprofessional Care*. 23(3): 286–96.

Parton, N. (2011) Child protection and safeguarding in England: changing and competing conceptions of risk and their implications for social work. *British Journal of Social Work*. 41: 854–75.

Quinney, A. and Hafford-Letchfield, T. (2012) *Interprofessional Social Work: effective collaborative approaches*, 2nd ed. London: Sage.

Reeves, S., Lewin, S., Espin, S. and Zwarenstein, M. (2010) *Interprofessional Teamwork for Health and Social Care*. Oxford: Wiley-Blackwell with CAIPE.

Reeves, S., Zwarenstein, M., Goldman, J., Barr, H., Freeth, D., Koppel, I. and Hammick, M. (2010) The effectiveness of interprofessional education: key findings form a new systematic review. *Journal of Interprofessional Care*. 24(3): 230–41.

Royal College of Paediatrics and Child Health. (2014) *Safeguarding Children and Young People: roles and competences for health care staff: intercollegiate document*, 3rd ed. London: RCPCH.

Rummery, K. (2009) Healthy partnerships, health citizens? An international review of partnerships in health and social care patient/user outcomes. *Social Science and Medicine*. 69: 1797–1804.

Sadler, L., Slade, A., Close, N., Webb, D., Simpson, T., Fennie, K. and Mayes, L. (2013) Minding the baby: enhancing reflectiveness to improve early health and relationship outcomes in an interdisciplinary home-visiting program. *Infant Mental Health Journal.* 34(5): 391–405.

Scottish Government. (2014) *National Guidance for Child Protection in Scotland.* Edinburgh: Scottish Government.

Sidebotham, P. (2012) What do serious case reviews achieve? *Archives of Disease in Childhood.* 97: 189–92.

Siraj-Blacksford, I., Clarke, K. and Needham, N. (eds) (2007) *The Team Around the Child: multi-agency working in the early years.* Nottingham: Trentham Books.

Smith, R. (2013) 'Working together: why it's important and why it's difficult'. In: Littlechild, B. and Smith, R. (eds) *A Handbook for Interprofessional Practice in the Human Services.* Harlow: Pearson.

Social Services and Wellbeing (Wales) Act 2014. Available at: www.legislation.gov.uk/anaw/2014/4/pdfs/anaw_20140004_en.pdf

Srivastava, O. (2014) *The Graded Care Profile: ongoing evaluation.* London: NSPCC.

Srivastava, O. and Polnay, L. (1996) Field trial of graded care profile (GCP): a new measure of care. *Archives of Disease in Childhood.* 17(4): 337–40.

Stanley, N., Manthorpe, J. and Talbot, M. (1998) Developing interprofessional learning at the qualifying level. *Journal of Interprofessional Care.* 12(1): 33–41.

Stevenson, O. and Charles, M. (1990) *Multidisciplinary is Different: child protection working together – Part 1 The process of learning and training; Part 2 Sharing perspectives.* Nottingham: University of Nottingham.

Stutsky, B.J. and Spence Laschinger, H. (2014). Development and testing of a conceptual framework for interprofessional collaborative practice. *Health and Interprofessional Practice.* 2(2): eP1066.

Taylor, I., Whiting, R. and Sharland, E. (2008) *Integrated Children's Services in Higher Education Project (ICS-HE).* Lewes: University of Sussex.

Taylor, J. and Lazenbatt, A. (2014) *Maltreatment in High Risk Families.* London: Dunedin.

Thistlethwaite, J., Jackson, A. and Moran, M. (2013) Interprofessional collaborative practice: a deconstruction. *Journal of Interprofessional Care.* 27(1): 50–6.

Thoburn, J. (2009) *Effective Interventions for Complex Families where there are Concerns about or Evidence of a Child Suffering Significant Harm.* London: Centre for Excellence and Outcomes in Children and Young People's Services (C4EO).

Thoburn, J., Cooper, N., Brandon, M. and Connolly, S (2013) The place of 'Think Family' approaches in child and family social work: messages from a process evaluation of an English pathfinder service. *Children and Youth Services Review.* 35(2): 228–36.

Thoburn, J., Lewis, A. and Shemmings, D. (1995) *Paternalism or Partnership? Family involvement in the child protection process.* London: HMSO.

Thoburn, J. (ed.) (1992) *Participation in Practice: involving families in child protection.* Norwich: University of East Anglia.

Thomas, J. and Baron, S. (2012) *Curriculum Guide: interprofessional and interagency collaboration*. London: TCSW/ Higher Education Academy.

Tompsett, H., Ashworth, M., Atkins, C., Bell, L., Gallagher, A., Morgan, M., et al. (2010) *The Child, the Family and the GP: tensions and conflicts of interest for GPs in safeguarding children May 2006–October 2008. Final report February 2010*. London: Kingston University.

Tunstill, J., Aldgate, J. and Hughes, M. (2006) *Improving Children's Services Networks: lessons from family centres*. London, Jessica Kingsley Publishers.

Tunstill, J. and Blewett, J. (2009) *The Delivery of Targeted Family Support in a Universal Setting*. London: Action for Children.

United Nations (1989) *Convention on the Rights of the Child*. New York: United Nations.

Warmington, P., Daniels, H., Edwards, A., et al. (2004) *Learning in and for Interagency Practice: a review of the literature*. Birmingham: University of Birmingham.

Watkin, A., Lindqvist, S., Black, J. and Watts, F. (2009) Report on the Implementation and Evaluation of an Interprofessional Learning Programme for Interagency Child Protection Teams. *Child Abuse Review*. 18: 151–67.

Watson, D. and West, J. (2006) *Social Work Process and Practice*. Palgrave: Basingstoke.

Webster-Stratton, C. and Reid, M.J. (2010) Adapting the Incredible Years, an evidence-based parenting programme for families involved in the child welfare system. *Journal of Children's Services*. 5(1): 25–42.

Wells, M., Williams, B., Treweek, S., Coyle, J. and Taylor, J. (2012): Intervention description is not enough: evidence from an in-depth multiple case study on the untold role and impact of context in randomised controlled trials of seven complex interventions. Trials. 13: 95.

WHO. (2010) *Framework for Action on Interprofessional Education and Collaborative Practice*. Geneva: World Health Organization.

Wolfe, T. and McKee, M. (eds) (2013) *Lessons Without Borders: European Child Health Services and Systems*. Maidenhead: Open University Press.

Woodman, J., Gilbert, R., Allister, J., Glaser, D. and Brandon, M. (2013) Responses to concerns about child maltreatment: a qualitative study of GPs in England. *BMJ Open*. 3: e003894.doi:10.1136/bmjopen-20.

Woodman, J., Gilbert, R., Glaser, D., Allister, J. and Brandon, M. (2014) Vulnerable family meetings: a way of promoting team working in GPs' everyday responses to child maltreatment? *Social Sciences*. 3: 341–58.

〈訳者略歴〉

西郷 泰之（さいごう・やすゆき）

全国社会福祉協議会、玉川大学文学部教育学科助教授、英国イーストアングリア大学客員研究員等を経て現在、大正大学児童福祉プロジェクト研究所教授、放送大学客員主任教授。専門は、社会福祉学、子ども家庭福祉論、地域福祉、国際福祉。

〈主な著書〉

『児童館の歴史と未来　児童館の実践概念に関する研究』（明石書店、2017年）

『ホーム・ビジティング　訪問型子育て支援の実際』（筒井書房、2007年）

『ホームビジティングの挑戦』（八千代出版、2006年）

『子どもと家庭の福祉』（ヘルスシステム研究所、2004年）

子育て困難家庭のための多職種協働ガイド
──地域での専門職連携教育（IPE）の進め方

2018年9月25日　初版第1刷発行

著　者		ジュリー・テイラー
		ジュン・ソウバーン
訳　者		西　郷　泰　之
発行者		大　江　道　雅
発行所		株式会社明石書店

〒101-0021 東京都千代田区外神田6-9-5
電　話　03（5818）1171
ＦＡＸ　03（5818）1174
振　替　00100-7-24505
http://www.akashi.co.jp

装丁　　　明石書店デザイン室
印刷／製本　モリモト印刷株式会社

ISBN978-4-7503-4726-4

Printed in Japan　　　（定価はカバーに表示してあります）

児童館の歴史と未来
児童館の実践概念に関する研究
西郷泰之著
◎3200円

子ども・家庭・地域が変わる 家庭訪問型子育てハンドブック
日々の支援に役立つ技とコツ
家庭訪問型子育て支援研究会編 西郷泰之、森山千賀子、野田淳史監修
◎1800円

家庭訪問型子育て支援「ホームスタート」実践ガイド
NPO法人ホームスタート・ジャパン編
西郷泰之監修
◎1800円

子ども食堂をつくろう！
人がつながる地域の居場所づくり
NPO法人豊島子どもWAKUWAKUネットワーク編著
◎1400円

エビデンスに基づく効果的なスクールソーシャルワーク
現場で使える教育行政との協働プログラム
山野則子編著
◎2600円

子ども虐待を防ぐ市町村ネットワークとソーシャルワーク
グラウンデッド・セオリー・アプローチによるマネジメント実践理論の構築
山野則子著
◎3500円

英国の貧困児童家庭の福祉政策
"Sure Start"の実践と評価
J・ベルスキー、J・バーンズ、E・メルシュ著
清水隆則監訳
◎2800円

保育政策の国際比較
子どもの貧困・不平等に世界の保育はどう向き合っているか
L・ガンバロ、K・スチュワート、J・ウォルドフォーゲル編
山野良一、中西さやか監訳
◎3200円

メンタルヘルス不調のある親への育児支援
保健福祉専門職の支援技術と当事者・家族の語りに学ぶ
蔭山正子著
◎2500円

精神障がいのある親に育てられた子どもの語り
困難の理解とリカバリーへの支援
横山恵子、蔭山正子編著
◎2500円

〈施設養護か里親制度か〉の対立軸を超えて
「新しい社会的養育ビジョン」とこれからの社会的養護を展望する
浅井春夫、黒田邦夫編著
◎2400円

周産期からの子ども虐待予防・ケア
保健・医療・福祉の連携と支援体制
中板育美著
◎2200円

ネグレクトされた子どもへの支援
理解と対応のハンドブック
安部計彦、加藤曜子、三上邦彦編著
◎2600円

子ども虐待在宅ケースの家族支援
「家族維持」を目的とした援助の実態分析
畠山由佳子著
◎4600円

子どもの権利ガイドブック【第2版】
日本弁護士連合会子どもの権利委員会編著
◎3600円

子どもの虐待防止・法的実務マニュアル【第6版】
日本弁護士連合会子どもの権利委員会編
◎3000円

〈価格は本体価格です〉